KB202990

선(禪)과 그리스도교

도마복음 연구 시리즈 3

선禪과 그리스도교

예수 그리스도의 본질적 가르침

로버트 포웰 지음
심광섭 옮김

예술과영성

이 책은 구자만 박사님(주식회사 신흥지엔티 회장)의 지원으로

번역 출판되었습니다.

저 자 서 문

　도마복음서는 예수께서 그의 이복형제인 도마에게 하신 말씀들의 수집물로 구성되어 있다. 이 수집물에는 그 말씀 안에 내재된 심층적 지혜가 감추어져 있다. 이 말씀들은 학술적 차원으로 접근하면 사라져 버린다. "예수의 비밀 말씀"이라는 도마복음서의 부제가 암시하는 것처럼, 이 복음서는 은밀한 가르침을 대변하며 특정한 엘리트만 깨달을 수 있다. 만일 말씀 중 많은 부분을 문자적으로 취한다면 무의미하며, 문자적인 차원으로는 말씀에서 어떤 의미도 도출할 수 없다는 사실이 즉시 명백해진다. 그렇기에 도마복음을 해명하기 위해서는 혁명적인 새로운 접근이 필요하다고 느낄 것이며, 그 방법을 적용하면 말씀이 해명될 것이다. 내밀한 내용을 지닌 자료의 경우 이러한 상황은 일반적이다. 그러나 사도 요한을 제외한 다른 사도들은 예수의 말씀을 문자적으로 취하였기 때문에 아마도 신약성서에는 전혀 다른 예수가 우리 앞에 나타나게 되는 것이다. 그러나 예수 말씀의 비밀을 열 적절한 열쇠를 제대로 적용하여 이해하면 예수의 말씀 중에서 가장 아름다운 말씀의 진면목을 볼 수 있다. 그것은 무시간적인 '비이원성'(Advaita, non-duality)의 가르침으로서 세계의 위대한 모든 종교의 내적 의미를 은밀하게 표현한 것이다.

서양에서 비교적 모호한 개념인 '아드바이타'(Advaita)라는 용어를 사용하는 이유는 무엇인가, 스스로 묻는다. 이 의미에 가깝게 접근할 수 있는 단순한 영어 단어가 존재하지 않는다. 아드바이타는 문자적으로 '둘이 아니다'(not-two)라는 뜻이다. 이것보다 친근한 '비이원론'(non-dualism)이나 '비이원성'(non-duality)의 개념이 힌두교의 철학을 대변하기 위해 사용되지만, 이 모든 단어는 '철학'이란 말까지 포함하여 단지 사태에 근접한 말일 뿐이다. 아드바이타에 가장 가까운 서양어는 아마 '통전적'(holistic)이란 말일 것이다. 그러나 이 용어조차도 아드바이타의 의미를 전체적으로 포함하지 못한다. 우리의 일상적인 사유는 견고한 선형성을 띠고 있다는 것이 중요한 이유이다. 예를 들어 고/저, 선/악 등 양극적인 대립 쌍에 기초한 사유마저도 선형적이다. 그러나 '비이원성'에는 가장 근본적인 차원에서 그처럼 한계를 규정하는 어떤 기준도 인식되지 않으며 모든 그와 같은 분리보다 앞선 상태에만 관심가질 뿐이다. 같은 이유로 이 상태는 모든 종류의 사유행동이나 범주보다 본질적으로 앞서 있다. 아드바이타는 직접적 봄이라고 말할 수 있으며 지성적인 포착과는 거리가 매우 멀다. 아드바이타적 인식은 아마도 음악이나 예술작품에서 아름다움의 지각과 더 친밀할 수 있다. 오해를 막기 위해 나는 아드바이틴(advaitin, 비이원론자)은 선과 악의 존재를 부정하지 않지만 이것들이 우주, 즉 마음과 시공간과 함께 내재적이며 필연적으로 공존한다는 점을 고려하면서 사용한다. 비이원론을 대변하는 베단타 전통의 아쉬타바크라(Ashtavakra)와 즈나카(Janaka) 사이의 대화 노래인 아쉬타바카라 찬양(Ashtavakra Gita)에 간결하게 나오는 말이 핵심을 찌른다. "우주는 단순히 마음의 양태일 뿐이다. 우주는 실제로 실존하지 않는다." 우리가 꿈속에서 모든 종류의 사물에 감동되어 깨게 되면 불안한 마음의 산물이었음을 알게 되듯이 우리의 실제 본성이 깨어 있는 상태에서 우리의 깨어 있는 상태의 경험이란 마찬가지로 꿈 공장의 산물일 뿐이며, 이들 중 어느 것도 절대의 상태에서 실제 존재하지 않는다. 그러나 이들 중 어느 것도 절대의 상태에서 실제 존재하지 않는다. 그러므로 '악'을 받아들이려고 애쓰는 것과 더 없는 행복(지복)에 참여하는 유일한 길은 예수께서 종종 하늘나라로 언급했던 곳이며 그곳은 나면서부터 소유한 우리의 권리인데, 몸과 마음과 세상의 한계를 초월함으로써 가능하다.

어떻게 이러한 일이 실현될 수 있는가? 도마복음은 진리를 얻기 위한 모든 종류의 순전한 지적인 접근으로부터 그야말로 떨어져 멀리한다면 가능하다고 본다. 그동안 인간에게 "사유"(thinking)의 과부하가 걸려 있다. 그리하여 인간의 생명과 세계를 이해하려는 다른 어떤 접근 방법도 거의 생각할 수 없게(unthinkable) 되었다. 교육의 핵심은 인간의 정체성을 묻는 물음을 중심으로 형성되어야 함을 강조하고 싶다. 보통 정상이라고 생각하는 인간의 정체성은 전연 그의 참된 자아가 아님을 알아야 한다. 사이비 정체성은 다양한 이미지와 개념들로 구성된 피상적이고 감각적인 인상들로서 끊임없이 이동하는 집합체로부터 끌어낸 것이다. 우리가 이러한 현상을 받아들이지 않는 한, 그래서 거짓을 거짓으로 보지 못한다면 참된 것은 영원히 우리를 피해 갈 것이다. 이것이 바로 도마 복음서에 실린 예수의 참된 메시지이며 가르침이라고 나는 생각한다.

차 례

예수의 밀의적 유산을

열기 위한 마술 열쇠

예수 그리스도의 가르침의 핵심과 자신을 대변하는 말씀의 본질은 단지 지각된 정체성만이 아니라 인간의 참된 정체성에 대한 물음을 중심으로 움직인다. 우리가 보통 한 인간의 정체성이라고 생각하는 것이 전혀 참된 정체성이 아니기 때문이다. 보통의 정체성은 끊임없이 유동하는 피상적인 감각적 인상의 배열로부터 비롯된 것이다. 그 인상들로부터 생각과 개념과 이미지들과 그리고 연합된 감정들의 다중성이 구성된다. 간결하게 말하자면 우리의 정체성은 관찰과 특정한 몸의 실존에 의존되어 있다. 그것은 분명 감각의 산물이고 증거이다. 우리는 이것들을 우리 실존의 궁극적 근거로 취한다. 몸은 태어나고 죽으며 그 생사의 중간에 귀중한 "나를"(me) 대변하는 우리의 생이 놓여 있다. 일인칭 단수인 내가 받아들여지고 난 후에 뒤따라 '너'와 '우리' 그리고 '그들'이 수용되고 사람과 실재들로 구성된 전 세계가 생겨난다. 그리고 난 후 동시에 우주가 존재하게 되고, 우주 또한 자신의 삶과 죽음을 지니고 있을 가능성이 크다. 이것이 우리가 자라온 세계관이며 전폭적인 마음을 바쳐 포용한 세계관이며 최종적 분석에서 모든 철학과 종교가 기초하고 있는 세계관이다. 그러나 다소 예쁜 이 같은 세계관의 그림에는 한가지 오류가 있다. 감각 자체는 그것 역시 감각의 결과이기 때문에 의심스럽다. 예를 들어 시각 작용을 하는 눈 자체는 눈에 의해 보이는 것이 아니고 무엇이란 말인가? 달리 말해 증거가 흐릿하다. 우리는 순환 과정에 빠져있다. 보인 것은 '봄'이라고 불리는 특정한 생리학적 과정의 증거일 뿐이다. 같은 이유로 '소리'로 경험되는 것도 실제로 독립해서 존재하는 것 자체가 아니다. 귀-신경-뇌의 구조가 생산한 인상을 '소리'라고 말하는 것이다. 그러나 사실에 있어서 그것은 독립된 실재 자체가 아니다. '소리'는 '들음'이라고 불리는 특정한 생리학적 과정의 증거일 뿐이다. 다른 감각들도 마찬가지이다. 모든 경우에 관찰자는 관찰된다. 인도의 위대한 현자 스리 라마나 마하르시(Sri Ramana Maharshi, 1879-1950)는 이 상황을 도둑을 잡은 경찰이 도둑 자신이라는 역설적 비유를 들어 설명했다.

이처럼 모든 것들은 필연적으로 그것들의 궁극적인 자기-정체성인 무형의 '비-실재'(no-thingness)로 환원된다. 모든 상대적인 사물(그의 비-실재)의 궁극적인 공(空, Emptiness)의 경험은 동시에 출생과 죽음이 없는 그것들의 절대적 존재에 대한 재긍정이다. 라마나 마하르시가 죽어가는 시점에서 그의 추종자들이 스승의 갑작스러운 부재를 슬퍼했을 때, 그는 "나는 사라지지 않는다. 내가 어디로 갈 수 있겠는가?"라고 말했다. 만일 이 같은 이해가 심원하고 견실하게 지탱될 수 있다면, 이러한 이해는 종종 "자아-실현"(Self-realization)이라고 불리며, 나누어질 수 없고 자신의 실제적인 정체성을 가리키는 "대자아"(the Self)를 가리킨다. 이 대자아는 개념이 아니기 때문에 서술되거나 정의될 수 없고 오직 가리켜질 뿐이다.

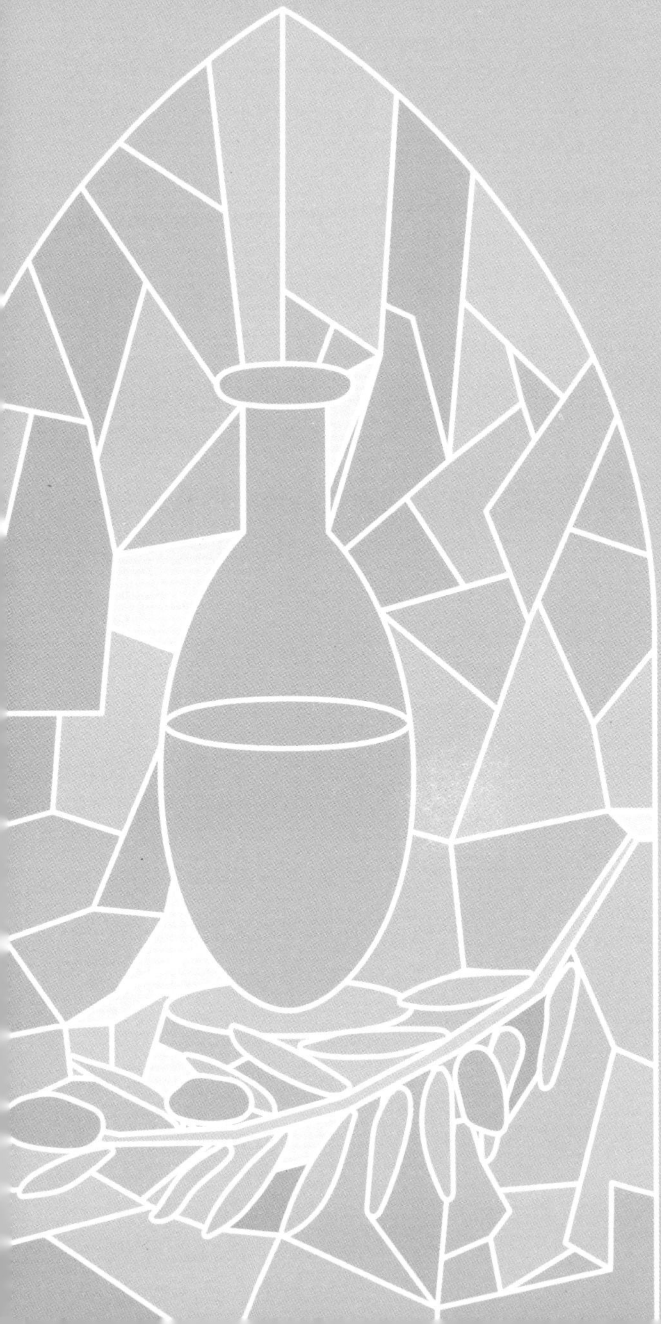

가르침의 범위

예수께서 친히 자신의 가르침은 모든 사람에게 그저 주어진 말씀이 아니라는 점을 강력히 경고한다(특히 62절과 93절을 보라). 그러나 2,000년이 지난 오늘 모든 말씀의 표현에 들어 있는 '비이원성'(advaita)을 세상에 밝힐 만한 시점이 도래했다. 말씀의 밀의주의로부터 더욱 일반적으로 접근 가능한, 다시 말해 말씀을 어떤 방식으로든 변형시키려거나 의미를 떨어뜨리려는 시도 없이 자연스럽게 해석할 방법이 있다.

나는 이 책에서 예수의 모든 말씀의 속뜻을 풀이하려고 시도했다. 물론 분명하지 않거나 다른 이유로 이 수집에 속한 말씀이 아니라는 판단에서 열 개가 넘는 말씀들을 제외하기도 했다. 그러나 그 외의 말씀은 마음이 열린 모든 독자에게 쉽게 접근 가능해야 한다고 생각한다.

도마복음에 사용된 용어에 대한 정확한 이해는 예수를

이해하는데 사활이 걸린 중요성을 갖는다. 본문에서 자주 사용되는 "아버지의 나라" 혹은 이것의 축약인 "아버지"라는 특정 용어를 일례로 언급하겠다. 이 용어는 단순한 진리, 궁극적 실재 혹은 초월적 자아를 의미한다. 다른 복음서에서 이 용어는 "하늘나라"를 의미한다. 가령 그리스도께서 "아버지의 나라가 널리 땅에 퍼져 있지만 사람들은 그것을 보지 못한다"라고 말씀하실 때 진리는 항용 다가갈 수 있지만 사람들의 눈이 멀었다는 것을 선언하는 것이다. 이 가르침이 얼마나 비이원성의 가르침과 친밀한지(사실 그 두 말씀은 동일하다)를 평가하기 위해 위대한 인도의 성자 라마나 마하르시(Sri Ramana Maharshi, 1879-1950)의 말을 인용한다. "성서에서 인용된 하늘나라와 이 세계는 두 개의 다른 세계가 아니다. 성서는 '하늘나라가 네 안에 있다'고 말한다. 그렇다. 실현된 존재가 바로 하늘나라이다. 반면 다른 사람들은 이것을 '이 세계'로 본다. 차이는 오직 관점의 각도에 달려 있다."

예수께서 때로 자신을 "살아 있는 분의 아들"이라고 언급한다. 이 말씀은 바로 참된 자아와 하나 됨의 진리로써 살아감을 의미한다. 불행하게 "하나님의 아들" 등 다른 변형들을 문자적으로 이해하여 예수에게 초자연적인 상태를 부여함으로써 불필요하고 부적절한 오해를 불러일으킬 뿐 아니라 실제 의식 안에 인위적인 분열을 만든다.

예수께서 사용하는 또 다른 예는 "쉼의 장소"(Zone of Repose)라는 말이다. 예수께서 이 용어를 사용하는 맥락에서 보면 이 용어는 비이원성(advaita)의 스승들이 "아무것도 영원히 일어나지 않는 장소" 외에 다른 것을 의미하지 않는다. 이 장소는 공간과 시간 이전의 장소이며, 인도의 또 다른 성자 니사르가닷타(Nisargadatta, 1897-1981)의 말로 표현하면 "의식에 앞선" 장소이다. 그 장소는 인간의 궁극적 본성, 영원하고 흠 없으며 변함이 없는 본성을 가리킨다.

"성령 안에서 산다는 것"은 "쉼의 장소"에서 산다는 것과 같은 진리를 가지고 있다. 이 용어는 또한 다음의 역설적인 말씀에 담긴 진리와 동일하다. "자신이 존재하게 되기 전부터 존재하게 된 자에게 복이 있다"(19절 말씀). 이 말씀은 인간의 무시간적 본성을 강조한다.

사도들과 그들의 해석

예수는 진정 누구였으며, 예수는 진정 무엇을 하고자 했는지 알기 원하는 자들이 모두 직면하는 문제는 전적으로 복음서에 의존해야만 알 수 있다는 사실이다. 이 맥락에서 우리에게 충격을 주는 제일 그리고 가장 중요한 관건은 도마복음이 다른 공관복음, 마태, 마가, 누가복음과 전적으로 다른 관점에서 말한다는 것이다. 공관복음서는 예수의 말씀과 행위를 거의 이원론적 차원에서 해석한다. 이 차원은 영적 진리의 핵심을 소유할 수도 있고 안 할 수도 있다. 그러나 복음의 절대적 순수성을 남김없이 수용하기 위해서는 그 어떤 종류의 지성에 의한 해석도 받아들이지 말아야 한다. 오직 요한만이 때때로 가르침의 밀의적 의미를 가까이 파악하는 것으로 보인다. 그리고 학자 중에는 예수의 비밀 말씀만이 사실 기독교의 참되고 근원적인 가르침을 대변한다고 주장한다.

예수는 그의 가르침이 무엇에 관한 것인지 분명하게 말씀한다. 그의 가르침은 감각적 기관을 통해 경험되거나 정신적으로 표현할 수 없는 가르침이다. 예수께서 하신 말씀을 인용하여 말하자면, "나는 너희에게 눈으로 결코 보지 못한 것, 귀로 결코 들어보지 못한 것, 손으로 결코 만져보지 못한 것, 사람의 마음에 결코 떠오르지 않았던 것을 줄 것이다"(17절 말씀). 이 관점에서 보면 예수의 말씀은 끝없는 추론이 아니라 직관을 강조하는 선(禪, Zen)[1]에 가깝다. 이 모든 것으로부터 추론되는 불가피한 결론과 영적 처방은 우리 마음이 결단코 진리를 다 헤아리지 못한다는 것이다. 그러므로 정신적인 차원에서 발생하는 모든 것들은 말하자면 사물을 깊게 파고들수록 거짓으로 드러나기 때문에 마음을 닫을 필요성이 있다. 세상의 지식은 늘 기억에 의존하기 때문에 과거의 영역에 속한다. 그러기 때문에 일반적인 세상의 지식(철학, 심리학, 과학 등의 하위 구분을 통해)과 영적 지식, 즉 자아의 영역에 속하며 단어나

---

1) 모든 지적 개념을 넘어가는 자기 입증적인 초월적 진리에 대해 직접적이고 직관적인 통찰을 통해 얻을 수 있는 깨달음을 말한다.(웹스터 사전, 1994)

개념으로써 표현할 수 없는 지식으로 경계선이 그어진다.

이 진리를 표현하는 다른 방법은 다음과 같다. 자아란 전체성을 의미한다. 그러므로 자아는 부분의 용어로써 정의될 수 없다. 전체성은 부분의 총합보다 무한히 크기 때문이다. 전체성은 또한 부분과는 다른 차원에 놓인다. 동시에 전체성은 자아가 그 어떤 정신적 행위나 우리의 부분에 가하는 그 어떤 행위를 통해서도 접근할 수 없음을 의미한다. 의도적 행위는 더 적절하게 심리학의 영역에 해당한다. 그렇다면 우리에게 무엇이 남는가? 아직 하늘 나라에 도달할 수 있는 유일한 길이 있다. 우리의 자아-본 성, 우리의 현재 불완전한 상태에 대한 직관과 통전적 이해 력이 유일한 길이다. 우리의 지식을 완전히 통과하는 그 같은 직접적 지각에는 에고를 녹일 수 있는 능력이 있다. 에고는 우리의 참된 본성, 즉 시간과 공간 너머에 있는 자아에 이르는 길에 놓인 유일한 방해물이다.

이러한 상황에 대한 자각이 없는 한, 인간은 '나'(I)와 동일시하며, 거기에 심리적인 고통이 따른다. 자아-실현 이란 비실재의 꿈으로부터 깨어나는 것이며 제일의 자리 에 개인적인 '마음'이나 '자아'가 결코 있을 수 없다는 사실을 배우는 것이다. 그러므로 참으로 존재하는 자아란 모든 분열로부터 자유로운 자아, 공간과 시간을 초월하는 자아이다.

이 책은 예수의 말씀 전체를 제공한다. 물론 분명하지 않거나 다른 이유를 근거로 이 수집에 속한 말씀이 아니라는 판단에서 열 개가 넘는 말씀들을 제외하기도 했다. 그러나 이 소책자는 모든 열린 마음의 독자들을 위해 쉽게 소화할 수 있는 형식을 취했다.

예수의 비밀 말씀과 저자 주석

이것은 살아계신 예수께서 말씀하시고 디디모스 유다 도마가 기록한 비밀의 말씀이다.

These are the secret sayings that the living Jesus spoke and Didymos Judas Thomas recorded.

그리고 그분께서 말씀하셨다. "누구든지 이 말씀의 속뜻을 올바르게 풀이하는 자는 죽음을 경험하지 않을 것이다."

And he said: "Whoever discovers the interpretation of these sayings will not experience death."

예수의 가르침을 이해하는 자는 모든 종류의 이원성을 초월할 것이다. 거기에는 삶과 죽음의 이원성까지 포함된다.

(2)

예수께서 말씀하셨다. "찾는 사람은 발견할 때까지 찾는 것을 멈추지 말아야 한다. 발견할 때 마음에 불안이 생겨날 것이고, 불안은 놀라움으로 바뀔 것이다. 그러면 그는 우주(모든 것)를 다스리게 될 것이다."

Jesus said: "Those who seek should not stop seeking until they find. When they find, they will be disturbed, they will marvel, and will reign over all."

이 말씀은 자기실현의 여러 국면을 잘 묘사하고 있다. 마지막에 가서 그 어떤 것도 그 사람을 괴롭힐 수 없다. 왜냐하면 그는 말 그대로 자신 밖에는 아무것도 없는 우주(모든 것)이기 때문이다.

예수께서 말씀하셨다. "만일 너를 인도하는 자들이 너에게, '보라, 그 나라가 하늘에 있도다' 하고 말한다면 하늘의 새들이 너희보다 앞설 것이다. 만일 그들이 너에게 '그 나라가 바닷속에 있도다' 하고 말한다면 물고기가 너희보다 앞설 것이다. 그러나 그 나라는 너희 안에 있고, 또 너희 바깥에 있다."

Jesus said: "If those who lead you say to you, 'See, the kingdom is in Heaven,' then the birds of the heaven will precede you. If they say to you, 'It is in the sea,' then the fish will precede you. Rather, the Kingdom is within you as well as outside you."

예수께서는 보다 평범한 말로 말씀하셨을 것이다. 친구들이여 보라! 그대들은 동서남북 모든 방향으로 눈을 돌려 기웃거리지만, 늘 외적 세계만을 향하여 바라볼 뿐이다. 그러나 그대가 내면에서 바라보기를 시작할 때까지 영적인 영역 안에 있는 그 어떤 가치 있는 것도 발견할 수 없을 것이다. 그러니 세상에서 일어난 것처럼 보이는 사건들을 잊으라. 그대가 내면으로부터 시작하고 관찰하는 것을 이해하게 될 때 그대는 시간과 공간을 초월하여 아무것도 일어나지 않은 실재를 체험하게 될 것이다. 그대는 그 나라가 그대로부터 떨어져 존재하는 것이 아니라 사실은 그대의 진실한 자아라는 사실을 이해하게 될 것이다. 그렇게 되면 '그대의 안(within you)'이라는 말이나 '그대의 밖(outside you)'이라는 말도 그 표현들이 가지고 있었던 그 어떤 의미도 상실하게 될 것이다.

자아-지식(Self-knowledge)이야말로 첫째로 갖추어야 할 유일한 요건이다. 만일 자아-지식이 부족하다면 그 사람은 실로 가난한 사람이며, 말의 참된 의미에서 빈곤한 사람이다.

예수께서 말씀하셨다. "오랜 세월을 산 노인도 태어난 지 칠 일밖에 안 된 아이에게 생명의 장소에 대해 묻기를 주저 해서는 안 된다. 그러면 그는 살게 될 것이다."

Jesus said: "The person old in days won't hesitate to ask a little child seven days old about the place of life, and that person will live."

세상 경험을 많이 한 자들은 필연적으로 날 때부터 타고난 순진무구한 자의 지혜를 이제는 가지고 있지 않다. 순진무구함(Innocence)은 무지와는 전혀 다른 어떤 것이 다. 순진무구함은 영적 삶의 구성요소이며 사물을 실제 있는 그대로 볼 수 있는 능력이다. 순진무구한 자는 어떤 철학에 따라 사는 자이거나 어떤 임의의 공동체적 기준에 따라 사는 자이거나 혹은 일련의 종교적 교리에 따라 사는 자가 아니다. 그는 진실로 사는 자이다.

예수께서 말씀하셨다. "너희 시야 안에 들어온 것을 깨달
으라. 그러면 너희에게 숨겨져 있던 것이 너희에게 분명히
드러날 것이다. 그때 숨겨진 것 중에서 드러나지 않을 것은
하나도 없을 것이기 때문이다."

Jesus said: "Recognize what is within your sight, and
that which is hidden from you will become plain to
you. For there is nothing hidden which will not be-
come manifest."

일상생활 속에서 너 자신과 너희 행위와 반응을 바로
주시하라. 영적 삶이란 결국 일상의 삶이고 역으로 일상의
삶은 영적 삶이다. 너희 경험을 충분히 소화하여 잔여물이
남아 심리적 속박이 되지 않도록 하라. 그렇게 되면 당신은
모든 것을 분명히 알게 될 것이다.

그의 제자들이 그분께 여쭈었다. "주님께서는 저희가 금식하기를 원하십니까? 저희가 어떻게 기도해야 할까요? 저희가 자선을 행해야 할까요? 저희가 어떤 식사 규범을 지켜야 할까요?"

예수께서 말씀하셨다. "거짓말하지 말며, 너희가 미워하는 것을 하지 말아라. 모든 것이 하늘 앞에서 드러나기 때문이다. 끝내 밝혀지지 않고 감추어져 있을 것은 아무것도 없으며, 드러나지 않고 가려져 있을 것은 아무것도 없을 것이다."

His disciples asked him: "Do you want us to fast? How should we pray? Should we give to charity? What diet should we observe?"

Jesus said: "Don't lie, and don't do what you hate, because all things are disclosed before heaven. After all there is nothing hidden that will not be revealed, and there is nothing covered up that will remain undisclosed."

    제자들이 마치 예수께서 그들을 위해 삶을 사실 수 있는 것처럼 생각하여 어떻게 삶을 구상해야 하는지 예수께 자세히 물었다. 예수께서는 당연히 의무적으로 답할 필요는 없으시다. 예수께서는 제자들에게 자연스럽고 솔직하게 살 것과 그들 자신과 다른 사람들에게 정직할 것을 말씀한다. 이 같은 삶을 사는 과정에서 참으로 중요한 것들이 무엇인지가 모든 사람에게 나타나게 될 것이다.

예수께서 말씀하셨다. "사람이란 자신의 그물을 바다에 던져 바다에서 작은 물고기가 가득 찬 그물을 끌어 올리는 지혜로운 어부와 같다. 그 지혜로운 어부는 그 물고기들 가운데서 멋지고 큰 물고기 한 마리를 발견했다. 그는 작은 물고기를 모두 바다에 도로 던져 놓고 어려움 없이 그 큰 물고기를 골라낼 수 있었다. 누구든지 들을 귀 있는 자는 들으라."

Jesus said: "The person is like a wise fisherman who cast his net into the sea and drew it up full of little fish. Among them the wise fisherman discovered a fine, large fish. He threw all the little fish back into the sea, and easily chose the large fish. Anyone here with two good ears had better listen."

이 말씀에서 하신 예수의 메시지는 76절의 말씀과 평

행을 이룬다. 사람은 자기 자신을 실현하기 위해 마음 쓰는
모든 헛된 수고를 거부해야 한다. 또한 당신의 삶에 모든
하찮은 것들을 버리고 참으로 중요한 일들을 다루기 위한
시간과 에너지를 가지도록 하라.

예수께서 말씀하셨다. "보라, 씨 뿌리는 자가 나와서 (씨앗을) 한줌 쥐어 뿌렸다. 어떤 것들은 길 위에 떨어져 새들이 와서 그것을 먹어 버리고, 어떤 것은 돌 위에 떨어져 땅에 뿌리를 내리지 못하여 이삭을 맺지 못했다. 또 어떤 것은 가시덤불에 떨어져 가시덤불이 씨앗을 죽게 했으며, 벌레가 그것을 먹어 치웠다. 또 어떤 것은 좋은 땅에 떨어져 좋은 열매를 맺었나니 60배와 120배를 맺었다."

Jesus said: "Look, the sower went out, took a handful (of seeds), and scattered them. Some fell on the road; the birds came and gathered them. Others fell on the rock, and they didn't take root in the soil, and didn't produce heads of grain. Others fell on thorns; they choked the seed(s) and worms ate them. And others fell on the good soil, and it produced a good crop: it yielded sixty per measure and a hundred and twenty per measure."

예수께서는 지고의 진리를 흡수하고 숙성하기에 요구되는 이해력의 상태를 창조할 필요성을 최고로 평가한다. '비이원성'(advaita)은 토양이 준비되고 마음이 준비된 상태가 만들어졌을 시간에만 만발할 수 있다. 이 맥락에서 같은 뜻을 표현하는 93절의 말씀 또한 보라.

예수께서 말씀하셨다. "나는 세상에 불을 지폈다. 그러니
보라, 나는 불이 타오를 때까지 그것을 지킬 것이다."

Jesus said: "I have cast fire upon the world, and see,
I am guarding it until it blazes."

깨달은 사람은 세상 안에서 어마어마한 동요와 혼란을
창조할 수밖에 없다. 이 세상은 깊이 잠들어 있고 세상의
가치는 참된 통찰에 곧바로 어긋나기 때문이다. 이 세상
사람들이 구하는 가치란 부, 안전, 심리적 만족 등이다.
그러나 영적으로 침체된 상태 가운데서 그 같은 가치들이
아무리 많은 야단법석을 일으키고 세상 안에서 어떤 결과
를 초래할지라도 깨달은 자는 결코 포기할 수 없다.

제자들이 예수께 말했다. "우리는 주님께서 저희를 떠나시리라는 것을 압니다. 누가 우리의 지도자가 되겠습니까?"

예수께서 그들에게 말씀하셨다. "너희가 어디 있든지 너희는 의인 야고보에게 가야 한다. 하늘과 땅이 그를 위해 존재하게 되었기 때문이다."

The disciples said to Jesus: "We know that you are going to leave us. Who will be our leader?"
Jesus said to them: "No matter where you are, you are to go to James the Just for those sake heaven and earth came into being."

이 말씀에서 예수께서는 오직 그의 형제 야고보만이 자기 –실현이라는 거룩한 상태를 얻었으며, 따라서 사명을 계속 감당할 수 있다는 자격을 인정한다.

예수께서 제자들에게 말씀하셨다. "너희들은 나를 다른 이와 비교하여 보고, 내가 누구와 같은지 말해 보아라."

시몬 베드로가 그분께 말했다. "당신은 의로우신 천사와 같습니다."

마태가 그분께 말했다. "당신은 지혜로운 철학자와 같습니다."

도마가 그분께 말했다. "스승님, 저의 입으로는 당신께서 누구와 같으신지 전혀 말씀드릴 수 없습니다."

예수께서 말씀하셨다. "나는 너희의 스승이 아니다. 왜냐하면 너희는 술 취했고, 내가 보살핀 부글부글 끓는 샘물에 도취되었기 때문이다."

Jesus said to his disciples: "Compare me to something and tell me what I am like."

Simon Peter said to him: "You are like a just messenger."

Matthew said to him: "You are like a wise

philosopher."

Thomas said to him: "Teacher, my mouth is utterly unable of say what you are like."

Jesus said: "I am not your teacher. Because you have drunk, you have become intoxicated from the bubbling stream that I have tended."

우리가 어떤 새로운 것과 마주했을 때 보이는 처음 반응은 그것을 좀 더 친숙한 어떤 것과 비교하는 것이다. 그러나 그 같은 접근으로써는 참된 이해와 통찰에 이를 수 없다. 이제 다시 모든 사도 중에 예수의 도전에 응하는 도마의 방법만이 겨누는 표적에 거의 가깝게 떨어진다.

예수께서 그들에게 말씀하셨다. "너희가 금식하면 너희 자신에게 죄를 지을 것이요, 너희가 기도하면 너희가 정죄를 받을 것이며, 너희가 자선을 베풀면 너희는 너희 영혼에 해를 끼치는 것이다. 너희가 어느 나라에 들어가 그곳을 걸을 때 그들이 너희를 받아들이면, 그들이 너희 앞에 차려 놓는 것을 먹고, 그들 가운데 있는 병자를 치료하여라. 너희 입으로 들어가는 것이 너희를 더럽히는 것이 아니요, 너희 입에서 나오는 것 – 그것이 너희를 더럽힐 것이기 때문이다."

Jesus said to them: "If you fast, you will give rise to sin for yourselves; and if you pray, you will be condemned; and if you give alms, you will do harm to your spirits. When you go into any land and walk about in the districts, if they receive you, eat what they will set before you, and heal the sick among them. For what goes into your mouth will not defile you, but that which issues from your mouth - it is that which will defile you."

예수께서는 그의 제자들에게 정신적인 금식이 육체적인 금식보다 훨씬 더 중요함을 책망하여 일깨우신다. 보통 일반적인 공적인 것을 대면했을 때 너희 재량을 그 가르침을 진전시키는 데 사용하라. 어떤 이들은 이 말씀이 6절의 말씀에서 제기된 물음에 대한 진전된 대답임을 알아차렸을 것이다.

〈15〉

예수께서 말씀하셨다. "너희가 여자에게서 태어나지 않은 분을 뵙거든 얼굴을 땅에 대고 엎드려 그를 경배하라. 그분이 너희 아버지이시다."

Jesus said: "When you see one who was not born of woman, fall on your faces and worship him. That one is your Father."

이 말씀은 인도의 비이원론의 구루(스승)인 니사르가 닷따 마하라지(Ni-sargadatta Maharaj)와 정확하게 상대가 되는 말씀이다. 그는 인간을 "불임여성의 자녀"로서 언급한다. 그리스도는 '아버지'라는 말로써 항상 인간의 참된 유산을 언급한다. 인간의 참된 유산이란 자아(the Self) 혹은 세상적인 것이 사라진 실재를 말한다.

예수께서 말씀하셨다. "아마도 사람들은 내가 세상에 평화를 주러 왔다고 생각할지 모른다. 그들은 내가 땅 위에 불화, 즉 불과 칼과 전쟁을 주러 왔음을 알지 못한다. 한 집에 다섯 식구가 있으면 셋이 둘과 맞서고, 둘이 셋과 맞서고, 아버지가 아들에게, 아들이 아버지에게 맞설 것이니. 그들 모두 홀로 서 있을 것이다."

Jesus said: "Men think, perhaps, that it is peace which I have come to cast upon the world. They do not know that it is dissension that I have come to cast upon the earth: fire, sword, and war. For there will be five in a house: three will be against two, and two against three, the father against the son, and the son against the father. And they will stand alone."

예수의 말씀은 밀의적으로 남아 있는 상태라기보다는

밀의적이 되자마자 사람들은 충격을 받고 심지어 적대감을 드러내기까지 한다. 왜냐하면 그들은 알려지지 않은 것을 이해할 수 없을뿐더러 두려움도 있기 때문이다. 그들은 이미 알고 있는 것을 변호할 것이며 비진리가 될 수 없음을 알고 있다. 왜냐하면 그들의 이러한 입장이 그들에게 (잘못된) 안전감을 주기 때문이다.

예수께서 말씀하셨다. "나는 너희에게 눈으로 결코 보지 못한 것, 귀로 결코 들어보지 못한 것, 손으로 결코 만져보지 못한 것, 사람의 마음에 결코 떠오르지 않았던 것을 줄 것이다."

Jesus said: "I shall give you what no eye has seen and what no ear has heard and what no hand has touched and what has never occurred to the human mind."

이 말씀은 가장 생동력이 넘치는 예수의 말씀 중 하나다. 인간의 오감, 즉 시각, 청각 그리고 촉각을 초월할 수 있다는 사실에 대해 분명히 언급한 말씀이다. 그리고 사람의 마음 그 자체의 초월에서 정점에 도달한다. 지각과 마음의 기원 이전의 순수한 상태에 관한 이 아름다운 언급은 이에 상응하는 대가를 요구한다.

제자들이 예수께 말했다. "저희에게 저희의 마지막이 어떻게 될지 말씀해 주십시오." 예수께서 말씀하셨다. "그렇다면 너희는 끝을 찾기 위해 시작을 발견하였느냐? 시작이 있는 곳에 끝이 있기 때문이다. 시작에서 자리를 차지한 사람은 복이 있나니, 그는 끝을 알게 될 것이며, 죽음을 경험하지 않을 것이다."

The disciples said to Jesus: "Tell us how our end will be." Jesus said: "Have you discovered then the beginning that you look for the end? For where the beginning is, there will the end be. Blessed is he who will take his place in the beginning; he will know the end and will not experience death."

끝은 시작 속에 있다. 현대적으로 이렇게 말할 수 있을 것이다. "마지막 결과를 바라보기 전에 먼저 너희 초발자

의 선(禪)을 배우라." 그러면 당신은 또한 '죽음'이란 말의
의미를 진실로 이해하게 될 것이다.

예수께서 말씀하셨다. "자신이 존재하게 되기 전부터 존재하게 된 자에게 복이 있다. 만일 너희가 내 제자가 되어 내 말에 귀 기울인다면 이 돌들이 너희를 섬길 것이다. 낙원에는 너희를 위한 다섯 그루의 나무가 있을 것이니, 그 나무들은 여름이든 겨울이든 변하지 않으며, 잎도 떨어지지 않는다. 누구든지 그 나무들을 아는 자는 죽음을 맛보지 않으리라."

Jesus said: "Congratulations to the one who came into being before coming into being. If you become my disciples and pay attention to my sayings, these stones will serve you. For there are five trees in Paradise for you; they do not change summer or winter, and their leaves do not fall. Whoever knows them will not taste death."

여기서 예수는 태어나지 않음, 즉 출생 이전의 존재와 죽음 이후의 존재(15절의 말씀을 보라)에 관하여 언급한다. 예수가 언급한 돌과 나무는 드러나지 않은 것에 대한 표지를 상징한다. 이것은 공간과 시간 이전의 존재로서 아무것도 일어나지 않는 영역이고, 따라서 죽음도 존재하지 않는 공간이다.

제자들이 예수께 말했다. "하늘나라가 무엇과 같은지 저
희에게 말씀해 주십시오."

예수께서 제자들에게 말씀하셨다. "하늘나라는 한 알의
겨자씨와 같다. 모든 씨앗 중에서 가장 작은 것이지만, 그
것이 경작한 밭에 떨어지면 한 그루의 큰 나무가 되어 하늘
을 나는 새들의 보금자리가 된다."

The disciples said to Jesus: "Tell us what the kingdom
of heaven is like."

He said to them: "It is like a mustard seed. It is the
smallest of all seeds. But when it falls on tilled soil,
it produces a great plant and becomes a shelter for
birds of the sky."

계몽(각성, 깨달음)이란 우리 자신에 대한 단순한 진리
로부터 시작한다. 가장 기본적인 것은 우리가 본질적으로

무(Nothingness)라는 사실이다. 그러나 이 단순한 진리는
전 세계에 관한 진리를 드러내면서 끝난다.

마리아가 예수께 말했다. "당신의 제자들은 누구와 같습니까?"

예수께서 말씀하셨다. "그들은 자기 소유가 아닌 땅에 살고 있는 어린아이들과 같다. 땅 주인들이 오면 그들에게 말할 것이다. '우리의 땅을 돌려주어라' 그 어린이들은 땅 주인 앞에서 옷을 벗고 그들의 땅을 되돌려 줄 것이다. 그러므로 나는 말한다. 만일 집주인이 도둑이 올 것을 안다면 그는 도둑이 오기 전에 깨어 있을 것이고 도둑이 땅을 파고 집 안에 침입해 자신의 소유물을 훔쳐 가지 못하게 할 것이다. 이와 같이 너희는 세상에 대해 깨어 있으라. 강도들이 너희에게 오는 길을 찾지 못하도록 큰 힘으로 자신을 준비시키라. 너희가 예상하는 고난이 올 것이기 때문이다. 너희 가운데 지혜로운 자가 있게 하라. 곡식이 익으면 그는 손에 낫을 들고 서둘러 와서 그것을 거둘 것이다. 누구든지 들을 귀가 있는 자는 들으라."

Mary said to Jesus: "What are your disciples like?"

He said: "They are like children living in a field that is not theirs. When the owners of the field come, they will say, 'Give us back our field.' They take off their clothes in front of them in order to give it back to them, and they return their field to them.

For this reason I say, if the owners of a house know that a thief is coming, they be on guard before the thief arrives and will not let the thief break into their house [their domain] and steel their possesions. As for you, then, be on your guard against the world. Prepare yourselves with great strength, so the robbers can't find a way to get to you, for the trouble you expect will come. Let there be among you a man of understanding. When the crop ripens, he comes quickly carring a sickle and harvests it. Anyone here with two good ears had better listen."

대부분 사람은 그들의 참된 본성인 자아로부터 전적으

로 소외되었다. 그들은 세상의 다양한 장난감을 가지고 노는 어린아이들과 같다. 장난감은 어린이들을 노예로 만들어 그들의 참된 본성에 눈멀게 한다(그들의 소유를 훔쳐라). 예수께서는 항상 제자들을 촉구하여 마음 문을 열게 하고 마음을 쓰게 하여 참된 통찰의 진귀한 계기가 떠오르도록 한다. 제자들은 기회를 놓치지 않으려고 한다.

(22)

예수께서 젖을 먹고 있는 어린아이들을 보고 제자들에게 말씀하셨다. "젖을 먹는 이 아이들이야말로 그 나라에 들어가는 이들과 같다."

Jesus saw infants being suckled. He said to his disciples: "These children being suckled are like those who enter the Kingdom."

예수께서 질문을 제기한다. 삶의 실현에서 지식의 역할은 무엇인가? 어린아이는 당연 순진무구의 상태 속에서 산다. 그러나 이 상태는 나이를 먹을수록 안정적이지 않게 되고 어느덧 이 순진무구함은 사라지고 그는 지식 추구에 매몰되게 된다. 그렇지만 그 지식과 함께 타락의 가능성이 출현한다. 타락은 순수한 지식이 비실제적인 중심, 곧 '나(I)'를 창조할 때 발생한다. 이 '나'가 나 중심적이 되면서 공포와 욕망에 민감하게 반응한다. 참된 순진무구함이란 마음에서 장애물이 전적으로 사라진 상태이다. 왜곡될 수 있는 지식이 사라진 것을 의미한다. 이처럼 참된 순진무구함은 지식이 작동하지 않고 안정된 상태에 있을 때 지속된다. 다시 말해 지식이 외부의 환경에 좌지우지되지 않고 순수하게 머물러 있는 상태를 말한다. 모든 대극(opposites)이 초월되는 곳에서 모든 지식은 공(空)이 되고, 그리고 다시 한번 사람은 엄마의 가슴 품에 안긴 순진무구함으로 충일한 아기처럼 된다. 그때 사람에게 그분의 나라에 들어갈 수 있는 자격이 주어진다.

예수께서 말씀하셨다. "내가 너희를 선택할 때 나는 천 명 중에서 한 명을, 만 명 중에서 두 명을 선택할 것이며, 그들은 단일한 자로 서 있을 것이다."

Jesus said: "I shall choose you, one from a thousand and two from ten thousand, and they shall stand as a single one."

다수성을 단일성으로, 즉 하나, 둘, 천 그리고 만 등, 이 모든 숫자는 분리를 알지 못하는 것에 대한 오해일 뿐이다. 둘째가 없는 한 분(the One), 이것만이 궁극적 진리이다.

예수께서 말씀하셨다. "빛의 사람 안에는 빛이 있어서 그
것으로 온 세상을 비춘다. 만일 그 빛이 비추지 않는다면
그는 어둠이다."

Jesus said: "There is light within a person of light, and
he shines on the whole world. If it does not shine,
it is darkness."

예수께서 말씀한 빛은 일상적인 물리적 빛이 아니다.
예수께서는 궁극적인 빛, 곧 자아의 빛을 언급한다. 이
빛이 없다면 다른 그 어떤 종류의 빛도 알아볼 수 없다.

예수께서 말씀하셨다. "너희 친구를 너희 영혼처럼 사랑하고 그들을 네 눈동자가 보는 어린아이처럼 보호하라."

Jesus said: "Love your friends like your soul, protect them like the pupil of your eye."

그렇게 하지 않는 것은 비이원성(non-duality)의 진리를 부정하거나 배신하는 것이다. '친구'란 자기 자신 외에 다른 사람이 아니기 때문이다. 그리고 자아의 참 본성은 사랑이다. 예수께서는 다른 사람을 자기 자신과 다르게 바라보지 않고 바로 자신의 자아로서 보았다. 우리는 우리의 존재가 누구인지 명상해야 한다. 영적 여정에서 다른 사람에게 도움을 주기 전에 기필코 자기 자신을 먼저 알아야 한다.

(26)

예수께서 말씀하셨다. "너희는 친구의 눈 속에 있는 티는 보면서 너희 자신의 눈 속에 있는 들보는 보지 못한다. 너희가 먼저 너희 자신의 눈 속에서 들보를 빼낼 때 너희는 비로소 밝게 보고 친구의 눈 속에 있는 티를 빼줄 수 있을 것이다."

Jesus said: "You see the sliver in your friend's eye, but you don't see the timber in your own eye. When you take the timber out of your own eye, then you will see well enough to remove the sliver from your friend's eye."

먼저 너 자신의 부족한 안목과 무지를 인식하여라. 그러고 나서 다른 사람과 세상의 무지를 돌봐라.

예수께서 말씀하셨다. "너희가 이 세상에 대해 금식하지 않으면 너희는 아버지의 나라를 발견하지 못할 것이다."

Jesus said: "If you do not fast from the world, you will not find the Father's kingdom."

이 말씀은 정신적인 금식을 언급하는 말씀으로서 세상의 유혹이나 애착으로부터 자신을 멀리하라는 뜻이다. 이 말씀은 자기실현을 위한 전제가 되는 말씀이다. 세상의 행위에 폭 빠져 탐닉함으로써 당신은 진리를 잃어버릴 것이고 당신의 삶이 허비될 것임을 의미한다.

예수께서 말씀하셨다. "나는 이 세상 가운데서 나의 거처
를 정했으며 그들에게 육신으로 나 자신을 나타내었다.
나는 그들이 모두 취해 있음을 보았고 그들 가운데 누구
하나 목말라 하는 자가 없음을 보았다. 나의 영혼은 사람의
자녀들로 인해 아파하였다. 그들은 마음의 눈이 멀어 자신
들이 이 세상에 빈손으로 왔다가 다시 빈손으로 세상을
떠나게 됨을 알지 못하기 때문이다. 그러나 그동안 그들은
취해 있다. 그들이 포도주를 다 버리게 될 때 그들은 그들
이 가는 길을 바꿀 것이다."

Jesus said: "I took my stand in the midst of the world,
and in flesh I appeared to them. I found them all
drunk, I did not find any of them thirsty. My soul ached
for the children of humanity, because they are blind
in their hearts and do not see, for they came into the
world empty, and they also seek to depart the world
empty. But meanwhile they are drunk. When they

shake off their wine, then they will change their ways."

이 세상 사람들은 대부분 그들의 감각에 마취되어 있거나 희생당하고 있다. 그들은 이러한 상황을 전혀 인지하지 못하고 있다. 달리 말하자면 모든 사람은 무명(無明, Maya)에 깊이 빠져 있다. 모든 사람은 자기-알아차림과 자기-지식을 전혀 가지고 있지 않다. 그들은 고통스러워한다. 그들을 흔들어 마취에서 깨우기 위해 확실하게 필요한 것이 무엇인가? 오로지 자기-알아차림과 자기-지식을 통해 가능할 뿐이다.

예수께서 말씀하셨다. "만일 육체가 영혼을 위해 존재한
다면 그것은 하나의 경이로움이다. 그러나 만일 영혼이
육체를 위해 존재한다면 그것은 경이로움 중에 경이로움
이다. 진실로 나는 이 크나큰 부가 어떻게 이 가난 속에
거주하게 되었는지 놀라지 않을 수 없다."

Jesus said: "If the flesh came into being because of
spirit, it is a wonder. But if spirit came into being be-
cause of the body, it is a wonder of wonders. Indeed,
I am amazed at how this great wealth has made its
home in this poverty."

예수께서 말씀하신다. 만일 몸이 의식에 의해 생산된
것이라면 놀라운 일이다. 그러나 마음이 몸 혹은 물질의
산물이라면 그것은 더욱 놀라운 일이다. 후자는 오늘날
많은 과학자가 여전히 주장하고 있는 사실이다.

예수께서 말씀하셨다. "예언자는 자신의 고향에서 환영
받지 못한다. 의사는 자신을 아는 사람을 치료하지 못한
다."

Jesus said: "No prophet is accepted in his own village;
no physician heals those who know him."

이 말씀은 친밀성이나 특정한 방법으로 사물을 보는
습관이 우리 자신의 진리에 이르는 길을 종종 가로막는다
는 잘 알려진 사실을 분명히 한다.

예수께서 말씀하셨다. "높은 산 위에 잘 세워진 요새화된
도시는 무너질 수도 없고 숨길 수도 없다."

Jesus said: "A city being built on a high mountain and
fortified cannot fall, nor can it be hidden."

진정한 영적 통찰은 실패하게 되거나 물타기 할 수
없다. 오직 반쪽 진리만이 희석될 수 있다. 참된 진리는
그 독특함으로 인해 거짓이 난무하는 세상 속에서도 빛나
며 그러기 때문에 감출 수 없다.

(33)

예수께서 말씀하셨다. "너희는 너희의 두 귀로 들은 것들을 지붕 꼭대기에서 다른 사람의 귀에 전파하라. 왜냐하면 아무도 등잔을 켜서 바구니 아래 두지 않으며 감추어진 곳에 그것을 두지도 않기 때문이다. 오히려 들어가고 나오는 모든 이가 그 빛을 보도록 그것을 등잔 받침대 위에 둘 것이다."

Jesus said: "Preach from your housetops that which you will hear in your ear. For no one lights a lamp and puts it under a bushel, nor does he put it in a hidden place, but rather sets it on a lamp stand so that everyone who enters and leaves will see its light."

과거에 사람은 세상 전체의 빛으로서 진리를 분명하게 본 적이 있었다. 어둠 속에서 여전히 그 진리를 찾으려는 다른 사람들과 나누려는 용기를 가져라.

예수께서 말씀하셨다. "만일 눈먼 사람이 눈먼 사람을 인도한다면 두 사람 모두 구덩이에 빠질 것이다."

Jesus said: "If a blind man leads a blind man, they will both fall into a pit."

이 말씀은 우리 사회의 특징을 매우 잘 말해준다. 세상은 소음만을 일으키는 잘못된 언사들로 가득 차 있다. 이끄는 자나 이끌림을 당하는 자나 모두 무지하기는 마찬가지다. 우리 또한 이러한 엉망진창인 상태 속에 착륙한 상황이다.

(36)

예수께서 말씀하셨다. "너희는 무엇을 입을까 아침부터 저녁까지 그리고 저녁부터 아침에 이르기까지 걱정하지 말라[너희 음식이나 너희 옷에 대해서도]."

Jesus said: "Do not fret from morning to evening and from evening until morning about what you will wea[about your food or about your clothing]."

예수께서 제자들에게 몸에 관한 것, 몸의 장식품에 관한 것 등, 이러한 하찮은 것들에 대해 걱정하지 말 것을 기억나게 한다. 이러한 것들은 전부 시간과 노력을 완전히 소모할 뿐이다.

그의 제자들이 말했다. "주님께서는 언제 우리에게 나타
나십니까? 언제 우리가 주님을 보게 됩니까?"

예수께서 말씀하셨다. "너희가 부끄러워하지 않고 너희
의 옷을 벗고 어린아이들이 하듯이 너희의 옷을 들어 너희
의 발밑에 놓고 그것을 밟는다면 그때 너희는 살아 있는
이의 아들을 보리라. 그때 너희는 두려워하지 않게 되리
라."

His disciples said: "When will you become revealed
to us and when shall we see you?"

Jesus said: "When you disrobe without being
ashamed and take up your garments and place them
under your feet like little children and tread on them,
then will you see the son of the Living one, and you
will not be afraid."

여기서 이 말씀의 의미는 다음과 같다. 당신이 외적인 현상, 즉 몸과 마음에 관련된 장식품에 대한 모든 관심을 단절할 때, 그것들은 당신의 질을 높여주는 데 필요한 것이 아니라는 사실에 눈을 뜨게 될 것이다.

예수께서 말씀하셨다. "너희는 내가 지금 너희에게 하는 이 말을 여러 번 듣고 싶어 했다. 그러나 누구에게서도 그 것들을 들을 수 없었다. 너희가 나를 찾아도 발견하지 못하 게 될 날이 올 것이다."

Jesus said: "Often you have desired to hear these sayings that I am speaking to you, and you have no one else from whom to hear them. There will be days when you will seek me and will not find me."

항상 당신에게 모든 상황에 관한 참된 진리를 말해 주려고 하는 어떤 사람을 알고 있다는 아주 희귀한 경우를 가정해 보라. 그 사람은 그것에 대해 아무런 편견이나 편파 적 흥미가 없기 때문이다. 그와 같은 사람이 있다면 그자는 사물에 정통한 사람(Master)이 될 것이다. 당신이 할 수 있는 만큼 최선을 다해 그 사람의 가르침을 마시라. 언젠가 당신이 그를 가장 필요로 할 때 그가 거기에 아니 계실지도 모를 일이다.

예수께서 말씀하셨다. "바리새인들과 율법학자들이 지식의 열쇠를 취해 감추었다. 그들은 그곳에 들어가지 않았으며, 들어가기를 원하는 다른 이들도 들어가도록 허용하지 않았다. 그러나 너희는 뱀처럼 지혜롭고 비둘기처럼 순수하라."

Jesus said: "The pharisees and the scribes have taken the keys of knowledge and hidden them. They themselves have not entered, nor have they allowed to enter those who wish to. You, however, be as wise as serpents and as innocent as doves."

일반적으로 학자들이 삶의 실현을 위해 최상의 인도자가 된 적이 없다. 학자들의 주요 지식은 그들에게도 사용된 적이 없으며, 실제로 다른 사람들이 탐구를 못 하게 방해한다. 그러니 당신이 지고 가는 쓸모없는 모든 지식에서 벗어

남으로써 진실을 알리라.

(40)

예수께서 말씀하셨다. "아버지로부터 멀리 떨어진 자리에 포도 넝쿨 하나가 심어졌다. 그러나 튼튼하게 자라지 못하고 뿌리째 뽑혀 말라죽을 것이다."

Jesus said: "A grapevine has been planted apart from the Father. Since it ist not strong, it will be pulled up by its root and perish."

심원한 영적 기초에 기반하지 않은 것들은, 말하자면 진리 안에 세워지지 못한 것들은 생존할 수 없다. "아버지에게서 멀리 떨어져 있다"는 사실은 진리로부터 멀리 있다는 사실을 의미한다. 거짓됨은 진리의 빛을 견뎌낼 수 없다. 거짓은 자신이 파멸하는 씨앗을 옮길 뿐이다. 그러므로 어떤 세상적 가치도 영속될 수 없다.

예수께서 말씀하셨다. "손에 가진 자는 더 받을 것이요, 갖지 못한 자는 적게 가진 것도 그나마 빼앗길 것이다."

Jesus said: "Whoever has something in his hand will receive more, and whoever has nothing will be deprived of even the little he has."

자신의 소유에 포로가 된 세상의 사람들은 더 많은 재물을 소유하기 위해 곳간에 소유를 쌓을 뿐이다. 반면 물질적 소유만을 최고로 여기는 태도를 멀리하는 자는 쉽게 물질적 소유로부터 초연한 마음을 취할 수 있다. 그가 가지고 있는 적은 소유는 감정적 관점에서 보면 무의미할 수 있다. 그러나 영적 진리의 싹을 가지고 있으면서 그것을 소중히 여기는 자들에게 적은 소유는 머지않아 그들의 물질적 소유의 양과 상관없이 영적으로 풍부해진다.

예수께서 말씀하셨다. "너희는 지나가는 사람이 되어야
한다."

Jesus said: "Become passers-by."

이 말씀은 어디에서든지 기득권을 갖지 말라는 말씀이
다. 기득권은 사적인 자아의 재산이며 한계를 드러내는
특징이기 때문이다. 전적으로 비우고 현재의 순간에 머물
러 살라.

그의 제자들이 그에게 말했다. "우리에게 이러한 것들을 말씀하시는 당신은 누구십니까?" 예수께서 대답하셨다. "너희는 내가 너희에게 하는 말을 듣고도 내가 누구인지 알지 못한다. 너희는 오히려 유대인들같이 되었다. 그들은 나무는 사랑하지만 그 열매는 싫어하거나, 열매는 사랑하지만 그 나무는 미워한다."

His disciples said to him: "Who are You, that You should say these things to us?" Jesus answered: "You don't understand who I am from what I say to you. Rather, you have become just like the Jews who either love the tree but hate its fruit or love the fruit but hate the tree."

　　예수께서는 제자들의 부족한 이해력을 지적한다. 제자들은 예수께서 무엇을 대변하시는지에 대하여 아주 적은

양의 이해력도 가지고 있지 않은 듯 보인다. 제자들은 예수를 단순히 한 인간으로 보고 있어 넓은 맥락에서 그리고 그의 근원에서 예수가 참으로 누구인지 놓치고 있다. 제자들이 이해하기 위해 사용하는 인과론은 특별한 원인에만 집착하여 결과를 싫어하거나 반대로 특별히 나타난 결과에만 연연하여 그 원인에 대해서는 알지 못하는 그런 유형의 사람들이다.

예수께서 말씀하셨다. "아버지를 모독하는 자는 용서를 받을 것이며 그 아들을 모독하는 자도 용서받을 것이다. 그러나 성령을 모독하는 자는 이 땅에서도 하늘에서도 용서받지 못할 것이다."

Jesus said: "Whoever blasphemes against the Father will be forgiven, and whoever blasphemes against the Son will be forgiven, but whoever blasphemes against the Holy Spirit will not be forgiven either on earth or in heaven."

예수의 말씀이 전하는 것은 다음의 깨달음이다. 나나 혹은 하느님을 예배하지 말고 성령 안에서 살아라! 당신은 개인적인 차원에서 다른 사람들과 조화 속에서 지내지 않을 수 있다. 그러나 당신이 자신의 가장 내적인 자아와 조화되지 않을까 조심하라!

예수께서 말씀하셨다. "가시나무에서 포도를 수확할 수
없고, 엉겅퀴에서 무화과를 거둘 수 없다. 그것들은 열매
를 맺을 수 없기 때문이다. 선한 사람들은 그들 마음속의
선한 곳간에서 좋은 것들을 꺼내지만 악한 사람들은 그들
마음속에 축적한 악한 곳간에서 나쁜 것들을 꺼낸다. 그
마음에 넘쳐나는 것에서 악한 것을 가져오기 때문이다."

Jesus said: "Grapes are not harvested from thorn
trees, nor are figs gathered from thistles, for they yield
no fruit. Good persons produce good from which the
have stored; bad persons produce evil from the wick-
edness they have accumulated in their hearts, and say
evil things. For from the overflow of the heart they
produce evil."

다시 한번 예수의 메시지는 다음과 같다. 늘 안에 있는

것이 밖에 있는 것을 생산한다. 영성이란 주로 우리의 가장 내면적인 것, 우리의 본질 자체에서 나오는 것, 자기 자신과 평화의 상태에 있는 것에 관한 것들이다. 외적으로 이러한 조건은 아름다움과 축복으로 나타난다.

예수께서 말씀하셨다. "너희 중에 누구라도 어린아이처럼 되어가는 자는 아버지의 나라를 알게 될 것이다."

Jesus said: "...whoever among you becomes a child will recognize the Father's kingdom."

예수께서 자아실현을 위하여 본질적으로 필요한 요구를 반복해서 말씀하신다. 성인이라 하더라도 정신적인 청정함을 갖고 욕망과 공포의 싹인 세속적인 관심을 내려놓아야 한다. 그렇게 되기 위해 예수께서는 다시 한번 "어린아이가 되라"는 말씀을 하신다.

예수께서 말씀하셨다. "한 사람이 동시에 두 마리 말을 탈
수 없고 두 개의 활을 동시에 당길 수 없다. 한 종이 두 주인
을 섬길 수 없으니, 만일 두 주인을 섬긴다면 한 주인은
공경하고 다른 주인은 경멸하면서 대할 것이다. 누구도
오랜 포도주를 마시고 나서 곧바로 새 포도주 마시기를
원하지 않는다. 새 포도주는 헌 부대에 넣지 않으니 부대가
터질 수 있기 때문이다. 또 숙성된 포도주를 새 부대에 넣
지 않으니 술이 상할 수 있기 때문이다. 새 옷을 낡은 헝겊
으로 깁지 않으니 옷이 찢어질 수 있기 때문이다."

Jesus said: "It is impossible for a man to mount two
horses or to stretch two bows. And it is impossible
for a servant to serve two masters; otherwise he will
honor the one and treat the other contemptuously.
No man drinks old wine and immediately desires to
drink new wine. And new wine is not put into old
wineskins, lest it burst; nor is old wine put into a new

wineskin, lest it spoil it. An old patch is not sewn onto
a new garment, because a tear would result."

　　이원성(Dvaita)과 비이원성(Advaita)은 서로 적대적 관
계이다. 뒤죽박죽으로 만들거나 타협하지 말라. 언젠가
당신은 진리의 조각을 잡은 적이 있다. 그 조각은 영원히
반짝이며 영원히 풋풋하다. 그 참된 비전에 충실하라.

예수께서 말씀하셨다. "만일 두 사람이 한 집에서 서로 평화를 지으면서 지낸다면, 그들이 산에게 '다른 곳으로 옮겨가라!'고 말하면 산이 옮겨갈 것이다."

Jesus said: "If two make peace with each other in this one house, they will say to the mountain, 'Move Away,' and it will move away."

"만일 두 사람이 한 집에서 서로서로 평화롭게 지낸다면", 이 말은 모든 이원성의 초월을 언급하는 말이다. 이원성의 초월에 기초하면 산을 옮길 수도 있을 것이다. 뒷부분의 표현은 예외적인 경우에만 가능한 일처럼 보인다. 그러나 여기서 '산'은 일반적으로 세상적으로 존재하는 것들의 다수성을 대변하거나 그들과 일치하거나 혹은 그것들에 달라붙어 있는 것들을 의미한다. 산을 옮기는 것이 현실화되기 위해서는 이 모든 것들은 포기되어야 한다.

예수께서 말씀하셨다. "홀로이며 선택받은 사람은 복이 있다. 너희가 그 나라를 발견할 것이다. 너희는 그곳으로부터 나왔기 때문에 다시 그곳으로 돌아갈 것이다."

Jesus said: "Blessed are the solitary and elect, for you will find the kingdom; because you come from it, and to it you shall go there again."

73절의 말씀과 동일한 정서를 표현한다. 우리는 소위 '탄생' 이전이나 '죽음' 이후에 그분의 나라를 발견하거나 거기로 되돌아갈 것이다.

예수께서 말씀하셨다. "만일 그들이 너희에게, '너희는 어디서 왔느냐'고 물으면 그들에게 말하라. '우리는 빛으로부터 왔으며, 그 빛은 스스로에게서 나왔으며 스스로 세우며 형상들 속에 스스로를 나타낸다'고. 만일 그들이 너희에게, '너희는 누구냐?' 하고 물으면 그들에게 말하라. '우리는 살아계신 아버지의 자녀이며 선택받은 자들'이라고."

Jesus said: "If they say to you, 'From where did you come from?', say to them, 'We came from the Light, where the light came into being of its own accord and established itself and became revealed in its image.'" If they ask, "Who are you?", you answer, "We are his children and are the elect of the Living Father."

궁극적 실재는 종종 '빛'이라는 용어로 상징화된다. 빛으로부터 전 세계가 나타난다. 대상이나 이미지는 근원이나 바탕이 되는 모체가 있다. 그러나 빛은 자기 창조적이며 저절로 존재하게 된다. 또는 정확히 말해 빛은 자아(the Self)이며 예수의 말씀으로 말하자면 '살아계신 아버지'에 해당한다.

(51)

그분의 제자들이 그분께 말했다. "언제 죽은 자들의 쉼이 일어나고, 언제 새로운 세상이 옵니까?"

예수께서 그들에게 말씀하셨다. "너희가 기다리는 것은 이미 왔다. 다만 너희가 그것을 알아보지 못하고 있을 뿐이다."

His disciples said to him: "When will the repose of the dead come about and when will the new world come?"

He said to them: "What you look forward to has already come, but you do not recognize it."

시간은 영원하지 않다. 오직 현재만이 영원하다. 그러므로 앞을 바라보거나 뒤돌아보는 것은 무익하다. 오직 지금만이 중요하다. '죽은 자들의 휴식'에 몸으로 살아 있는 동안 지금 바로 참여할 수 있다. 그 세계는 인도의 후기 비이원론 성자인 스리 푼자지(Sri Poonjaji)의 말로 하자면 '아무것도 새롭게 일어나지 않는 세계'이다.

그분의 제자들이 그분께 말했다. "이스라엘에서 스물네 명의 예언자가 말했는데, 그들이 모두 당신에 대해 말했습니다."

예수께서 그들에게 말씀하셨다. "너희는 바로 너희 눈앞에 있는 살아있는 사람을 무시한다. 그러면서 죽은 사람에 대해서만 말한다."

His disciples said to him: "Twenty-four prophets spoke in Israel, and they all spoke of you."

He said to them: "You have disregarded the Living One who stands right before you and have spoken about the dead."

예수께서는 이 모든 가십성으로 떠도는 말을 비생산적이고 추상적이며, 그러므로 죽은 지식으로 일축하신다. 가치 있는 것은 전해 들은 말이 아니라 살아계신 스승의

현존이다. 오직 그분만이 직접 가르침을 효과적으로 전달
할 수 있고 가르침에 따라 자신을 실현할 수 있다.

그분의 제자들이 그분께 말했다. "할례가 유익합니까, 그렇지 않습니까?"

예수께서 그들에게 말씀하셨다. "만일 할례가 유익하다면 아이들의 아버지가 아이들의 어머니에게서 이미 할례받은 아이들을 보게 했을 것이다. 그것보다는 영적으로받는 진정한 할례가 모든 점에서 온전히 유익하다."

His disciples said to him: "Is circumcision beneficial or not?"

He said to them: "If it were beneficial, their father would beget them circumcised from their mother. Rather, the true circumcision in spirit has become completely profitable in every way."

이 말씀은 두 차원에서 의미를 찾을 수 있다. 첫째, 우리가 할례받지 않은 상태로 있는 것은 아무것도 잘못된 것이 없다고 자연은 말한다는 것이다. 그 상태는 우리에게 자연 그대로 '주어진' 상태이다. 만일 할례받은 상태가 우월하다면 그것은 우리의 자연스러운 상태였을 것이다. 둘째, 우리는 영적인 의미에서 아직 자연스러운 상태에 도달하지 못했다. 참된 할례란 영적인 변형이며, 그 어떤 육체적인 변화가 도달할 수 있는 것보다 무한히 더욱 중요하고 유익하다.

예수께서 말씀하셨다. "가난한 자는 복이 있다. 하늘나라
가 너희 것이기 때문이다."

Jesus said: "Blessed are the poor, for yours is the
Kingdom of Heaven."

참된 현자는 그가 비록 물질적 소유의 세계에 들어왔다
고 하더라도 그것들로부터 방해받을 수 없다. 왜냐하면
현자는 그것들을 필요로 하지 않으며 집착으로부터 자유
롭기 때문이다.

예수께서 말씀하셨다. "누구든지 아버지와 어머니를 미워하지 않는 사람은 나의 제자가 될 수 없다. 그리고 누구든지 형제와 자매를 미워하지 않고 내가 하는 것처럼 자신의 십자가를 지지 않는 사람은 나에게 어울리지 않는다."

Jesus said: "Whoever does not hate his father and his mother cannot become a disciple to me. And whoever does not hate his brothers and sisters and take up his cross in my way will not be worthy of Me."

101절의 말씀과 매우 유사하다. 101절의 해설이 또한 여기서도 타당하다.

예수께서 말씀하셨다. "누구든지 세상을 알게 된 사람은 시체 한 구를 발견한 것이고, 누구든지 시체 한 구를 발견한 사람은 이 세상이 아무런 가치가 없다."

Jesus said: "Whoever has come to understand the world has found only a carcass, and whoever has discovered a carcass, of that person the world is not worthy."

'세상'이란 송장보다 나은 것이 아니다. 세상은 전적으로 비실재적이다. 출구를 발견한 사람은 세상에 속한 사람이 아니다. 그는 곧 자아(the Self)이다.

예수께서 말씀하셨다. "고난을 겪는 자는 복이 있다. 그는
생명을 찾았다."

Jesus said: "Blessed is the man who has suffered and
found life."

여기서 '생명'은 '고통의 원인'과 '고통의 초월'을 의미한
다. 동시에 그는 자신의 자아를 발견한다.

예수께서 말씀하셨다. "너희가 살아 있는 동안 살아 계신 분을 바라보라. 그렇지 않으면 죽을 것이다. 그때에는 너희가 살아 있는 분을 보려고 해도 볼 수 없을 것이다."

Jesus said: "Look to the Living one as long as you are live, otherwise you might die and then try to see the living one, and you will be unable to do so."

당신이 이 몸속에 있는 동안 참된 삶에 대한 질문을 던질 수 있는 모든 기회를 활용하라. 다시 말해 아무것도 영구히 일어나지 않는 공간과 시간 넘어 있는 삶에 대한 물음, 그러나 바로 거기에 당신의 행복이 놓여 있다.

그들이 한 사마리아인이 어린양 한 마리를 끌고 유대 땅으로 가고 있는 것을 보았다. 예수께서 제자들에게 물었다. "이 사람은 왜 어린양을 끌고(묶어서) 가는가?"

제자들이 그분께 대답했다. "그가 양을 잡아서 먹으려는 것입니다."

예수께서 그들에게 말씀하셨다. "양이 살아 있는 동안에는 그는 양을 먹지 않을 것이다. 오직 그가 양을 죽여서 시체가 된 후에만 먹을 것이다."

제자들이 말했다. "그렇지 않으면 다른 방법이 없을 것입니다."

예수께서 그들에게 말씀하셨다. "너희들 자신도 마찬가지이다. 시체가 되어 먹히지 않도록 너희 스스로 쉴 곳을 찾으라."

They saw a Samaritan carrying a lamb on his way to Judea. Jesus said to his disciples: "Why does this man carry the lamb around?"

They said to him: "So that he may kill and eat it."

He said to them: "While it is alive, he will not eat it, but only when he has killed it and it has become a corpse."

They said to him: "He cannot do so otherwise."

He said to them: "You too, look for a place for yourself within the Repose, lest you become a corpse and be eaten."

우리는 이미 '쉴 곳'이란 예수께서 언급한 깨달음의 상태란 사실을 언급했다. 그곳은 절대적 안식과 축복의 장소이며, 공간과 시간의 속박을 완전히 벗어난 장소이다. 영원한 것을 찾으라, 그렇지 않으면 당신은 불가피하게 영혼을 상실할 것이다.

예수께서 말씀하셨다. "나는 분리되지 않은 분(하나인 분)
으로부터 온 자이다. … 만일 사람이 전체이면 그 사람은
빛으로 가득 찰 것이다. 하지만 사람이 분리되면 그 사람은
어둠으로 가득 찰 것이다."

Jesus said: "I am He who exists from the Undivided.
… if one is whole, one will be filled with light, but
if one is divided, he will be filled with darkness."

이원성 속에 사는 사람은 자아의 빛을 결코 알지 못할
것이다.

예수께서 말씀하셨다. "나는 내 비밀을 알 자격이 있는 사람에게만 내 비밀을 밝힌다."

Jesus said: "I will disclose my mysteries to those who worthy of my mysteries."

만물의 비이원성을 이해하고 그 안에서 산다는 것은 확실한 원숙함 내지 성숙을 요구한다. 예수께서 다시 그의 제자들에게 말씀을 은밀하게 간수할 것을 권고하신다. 비밀스러운 말씀은 그 말씀을 받을 준비가 되어 있는 사람이나 말씀에 열심을 품은 사람들과만 나눌 수 있다.

예수께서 말씀하셨다. "한 부자가 있었는데 그는 '나의 돈을 들여 씨앗을 사서 뿌리고 거두고 심으리라. 그렇게 거둔 것들로 나의 곳간을 가득 채워 아무 부족함이 없게 하리라.'라고 했다. 이것이 그의 의도였으나 그날 밤 그 부자는 죽었다. 귀 있는 자는 들으라."

Jesus said: "There was a rich man who said, 'I shall put my money to use so that I may sow, reap, plant, and fill my storehouse with produce, with the result that I shall lack nothing.' Such were his intentions, but that same night he died. Let him who has ears hear."

이 이야기는 오늘 우리 사회에 살고 있는 사람 대부분의 삶의 실상을 특징적으로 적합하게 드러내고 있지 않은가? 재물 축적의 과정에 의존하며 사는 사람은 육체적으로나 정신적으로나 미래에도 한사코 그렇게 살 것인데, 영적 삶을 상실하게 된다. 그 사람은 실재의 아름다움을 놓치고 마는데, 그 아름다움이란 무시간적 지금 속에 항시 빛나는 것이다.

예수께서 말씀하셨다. "어떤 사람에게 저녁에 초대할 손님들이 있었다. 그는 저녁 만찬을 준비한 다음 종을 보내 그 손님들을 초대하게 했다. 종은 첫 번째 손님에게로 가서 말했다. '나의 주인이 당신을 초대했습니다.'

손님이 말했다. '나는 몇 명의 상인들에게서 돈 받을 일이 있다. 그들이 오늘 저녁 나를 만나러 올 것이다. 나는 가서 그들에게 청구서를 주어야 한다. 나를 그 만찬에서 제외해 달라고 전하라.'

종은 다른 손님에게로 가서 말했다. '나의 주인이 당신을 초대했습니다.' 그가 하인에게 말했다. '나는 집 한 채를 샀는데 그것 때문에 하루 종일 머물러 달라는 요청을 받았다. 나는 시간을 낼 수 없다.'

종은 다른 손님에게로 가서 말했다. '나의 주인이 당신을 초대했습니다.' 그가 종에게 말했다. '내 친구가 결혼을 하기 때문에 나는 잔치 준비를 해야만 한다. 나는 갈 수 없을 것이다. 나를 그 만찬에서 제외해 주기를 원한다.'

종은 다른 손님에게로 가서 말했다. '나의 주인이 당신을 초대했습니다.' 그가 종에게 말했다. '나는 밭을 하나 샀는데 소작료를 받으러 가야 한다. 나는 갈 수 없을 것이다. 부디 나를 제외해 달라고 청한다.'

종은 돌아와 주인에게 그대로 전했다. '주인께서 만찬에 초대한 이들이 모두 핑계를 대며 초대를 거절했습니다.' 주인이 그의 종에게 말했다. '거리로 나가서 만나는 사람마다 그들이 저녁 식사를 할 수 있도록 불러오라. 장사꾼이나 상인들은 나의 아버지 집에 들어가지 못할 것이다.'"

Jesus said: "A man was having guests over for dinner. After he had prepared the dinner, he sent his servant to invite the guests. He went to the first one and said to him: 'My master invites you.'

The guest said: 'I have some claims against some merchants; They will come to me this evening. I must go and give them my orders. I ask to be excused from the dinner.'

The servant then went to another and said to him: 'My master has invited you.'

He answered him: 'I have just bought a house and have been requested to stay for the day. So I won't have time.'

The servant went to another and said to him: 'My master invites you.'

That man said: 'My friend is getting married and I am to prepare the dinner. I will not be able to attend. I pray to be excused from the dinner.'

The servant went to another and said to him: 'My master invites you.'

He said to him: 'I have bought a farm and am on my way to collect the rent. I shall not be able to come. I ask to be excused.'

The servant returned and said to his master: 'Those whom you invited to the dinner have asked to be excused.'

The master said to his servant: 'Go outside in the streets and bring in anyone whom you may happen to meet so that they may dine.' Businessmen and merchants will not enter the places of my Father."

　　이 모든 사건을 지배하는 도덕은, 예수께서 지적하신 바와 같이, 평균적으로 사는 세상 사람들은 세속적인 인간이 자신을 위해 습관적으로 살아가는 삶 밖의 다른 방식의 삶을 위한 시간도 없고 실제적인 관심도 없다는 것이다. 즉각적인 감각의 만족과 쳇바퀴 돌 듯 동일한 판박이 삶을 지속적으로 살아가는 것을 세상 사람은 영적인 구원의 가능성보다 더 중요하게 여긴다.

예수께서 말씀하셨다. "모든 것을 다 아는 사람도 자기 자
신을 모르는 사람은 아무것도 모르는 사람이다."

Jesus said: "Those who know all but are lacking in
themselves are utterly lacking."

영적 삶의 열쇠가 되는 말은 '자아-지식'(Self-Knowledge)
이다. 아무리 많은 세상의 지식을 소유한 사람이라 할지라
도 자아-지식이 없이는 인생을 출발조차 할 수 없다.

예수께서 말씀하셨다. "배고픈 자는 행복하다. 그의 굶주
린 배는 채워질 것이다."

Jesus said: "Congratulations to those who go hungry,
so the stomach of the one in want may be filled."

당신은 참으로 영적 진리에 배고파야 한다. 그럴 때만
당신은 참된 만족을 얻을 것이다.

예수께서 말씀하셨다. "너희가 너희 안에 있는 그것을 열매 맺게 하면 너희에게 있는 그것이 너희를 구원할 것이다. 만일 너희가 너희 안에 있는 그것을 갖지 못하면 너희가 가지고 있지 않은 그것이 너희를 죽일 것이다."

Jesus said: "If you bring forth what is within you, what you have will save you. If you do not have that within you, what you do not have will destroy you."

　오직 '자아-지식'을 통해서만 당신은 자아-실현에 도달할 수 있다. 바로 그 자아-지식이 없다면 당신은 영성을 영락없이 소멸시키고 말 것이다.

예수께서 말씀하셨다. "내가 이 집을 헐 것이다. 그러면 누구도 이 집을 다시 짓지 못할 것이다."

Jesus said: "I will destroy this house, and no one will be able to rebuild it...."

예수께서 언급한 '집'은 일반적으로 알려진 이원론적 세계관의 구조이다. 이와 같은 이원론적 세계관의 본질적 오류가 분명하게 밝혀진 이후에, 이 세계관 위에 다시 집을 지을 수 있는 기초가 남아 있지 않다.

한 사람이 그분께 말했다. "내 형제들에게 내 아버지의 유산을 나와 함께 나누라고 말씀해 주십시오."

예수께서 그에게 말씀했다. "보십시오, 누가 나를 나누는 자로 만들었는가?"

예수께서 돌아서 제자들을 향해 말씀하셨다. "나는 나누는 자가 아니다, 그렇지 않은가?"

A man said to Him, "Tell my brothers to divide my father's possessions with me."

He said to him: "Oh man, who has made Me a divider?"

He turned to his disciples and said to them, "I am not a divider, am I?"

예수의 청중들은 예수께서 그들과 같이 이원론의 대변자로서 좋아하게 되길 바란다. 그러나 예수께서는 자신이 해방된 지점에서 돌이켜 이원론자(dvaitin)가 되려고 하지 않는다.

예수께서 말씀하셨다. "추수할 것은 많으나 일꾼들은 적다. 그러므로 수확할 일꾼들을 보내 달라고 주님께 청하라."

Jesus said: "The harvest is great but the laborers are few. Beseech the Lord, therefore, to send out laborers to the harvest."

값진 것을 추수할 수 있는 사람과 실재의 조각이라도 거둘 수 있는 사람이 수적으로 그렇게 많지 않다.

예수께서 말씀하셨다. "주여, 우물가 세례가 거행될 수 있
는 곳) 주변에 많은 사람이 모여 있으나 우물 안에는 아무
도 없습니다."

Jesus said: "Lord, there are many around the cis-
tern(where baptism are being performed) but no-
body within the cistern."

도마복음의 말씀들에 공표된 은밀한 기독교는 본질적
으로 세계의 대중성을 포기한 기독교이다. 그러므로 가장
순수한 형식에서 대중을 위한 기독교가 아니라 소수의
엘리트를 위한 종교일 뿐이다. 73절의 말씀과의 유사성을
보라.

(75)

예수께서 말씀하셨다. "많은 이들이 문 앞에 서 있으나 홀로인 사람만이 신부의 방에 들어갈 것이다."

Jesus said: "Many are standing at the door, but the solitary are the ones who will enter the bridal chamber."

다수의 의견에 대하여 오직 '홀로인 사람'(선택받은 소수)만이 그들의 참된 본성을 발견할 수 있다.

예수께서 말씀하셨다. "아버지의 나라는 가지고 있던 많은 위탁 판매품 중에 한 알의 진주를 발견한 상인에 비교할 수 있다. 그 상인은 통찰력이 있는 사람이어서 자신이 가지고 있던 물건을 모두 팔아 그 한 알의 진주를 샀다. 그러므로 너희도 역시 좀이 슬지도 않고 벌레의 해도 받지 않는 곳에서 다함이 없고 영속적인 보물을 찾아라."

Jesus said: "The kingdom of the Father is like a merchant who had a consignment of merchandise and who discovered a pearl. That merchant was shrewd. He sold the merchandise and bought the pearl alone for himself. You too, seek his unfailing and enduring treasure where no moth comes near to devour and no worm destroys."

예수께서는 세속적 소유에 대하여 영적 부유함을 분명하게 대조한다.

예수께서 말씀하셨다. "나는 만유(萬有)이다. 나로부터 만유가 나왔고 만유는 나에게로 돌아온다. 나무 한 조각을 쪼개 보라. 내가 거기에 있다. 돌을 들어 보아라, 그러면 너희는 거기서 나를 발견할 것이다."

Jesus said: "It is I who am the All. From Me did the All come forth, and unto Me did the All extend. Split a piece of wood, and I am there. Lift up the stone, and you will find Me there."

이 말씀은 인도의 비이원론 베단타(Advaita Vedanta) 문학의 일부인 것처럼 들린다. 참된 자아는 모든 시-공간적 한계를 초월한다. 그러므로 '죽음'이나 '공포' 같은 표현과 양립할 수 없다. 자아가 현존하지 않는 곳은 아무 데도 없다. 단일성(Oneness)은 궁극적인 것이며 삶의 본질이다. 여기서 '살아계신 분'이란 표현은 예수 자신을 지칭한다.

예수께서 말씀하셨다. "너희는 왜 시골(광야)로 나갔느냐? 바람에 흔들리는 갈대를 보기 위함인가? 너희의 통치자들과 권력자들처럼 좋은 옷을 입은 자를 보기 위함인가? 그들은 부드러운 옷을 입고 있으나 진리를 분별하지 못한다."

Jesus said: "Why did you come out into the country-side? To see a reed shaken by the wind? And to see a person dressed in soft clothes, like your rulers and powerful ones? They are dressed in soft clothes, yet cannot understand the truth."

예수께서는 이른바 '위대한' 사람이라 불리는 자들을 우리에게 상기시킨다. 이들은 부유한 사람들, 화려한 사람들, 이름있는 사람들, 영향력 있는 사람들이다. 그러나 이들이 필연적으로 단순한 영혼의 사람들보다 진리에 가깝다는 뜻은 아니다. 이 말씀은 사람은 단지 겉으로 드러나는 외양으로 판단될 수 없다는 63절의 말씀과 같은 지점을 말해준다.

무리 가운데서 한 여인이 그분께 말했다. "당신을 배었던 자궁과 당신에게 젖을 먹인 젖가슴은 행복하다."

예수께서 그녀에게 말씀하셨다. "아버지의 말씀을 듣고 진실로 그것을 지키는 자는 행복하다. 왜냐하면 너희들이 '잉태한 적이 없는 자궁과 젖을 먹인 적이 없는 젖가슴은 행복하다'라고 말한 날들이 있을 것이기 때문이다."

A woman from the crowd said to him: "Blessed are the womb which bore You and the breasts which nourished You."

He said to her: "Blessed are those who have heard the word of the Father and have truly kept it. For there will be days when you will say, 'Blessed are the womb which has not conceived and the breasts which have not given milk.'"

예수께서 출생은 용납할 만하다고 말씀하시는 것 같다. 그러나 훨씬 위대한 것이 있으니 그것은 모든 창조의 원천이 되는 것이다. 즉 큰 자아(the Self)가 되는 것이다.

예수께서 말씀하셨다. "누구든지 세상을 알게 된 자마다
몸을 발견할 것이고 몸을 발견한 자에게는 누구나 세상은
아무 가치가 없다."

Jesus said: "Whoever has come to know the world
has discovered the body, and whoever has dis-
covered the body, of that one the world is not worthy."

본 말씀과 56절의 말씀은 거의 동일하다. 56절의 말씀
에서 몸은 시체와 동일하게 취급된다. 예수께서는 몸이
실제적으로 존재한다고 여기는 사람을 얼간이로 낙인 찍
는다. 참으로 실제적으로 존재하는 것을 위하여 몸을 분명
히 지각할 수 있는 실재나 궁극성을 결여한 단지 의식에
나타나는 현상으로 여기는 자는 당연히 세계보다 우위에
있다. 왜냐하면 그는 즉시 밖으로 나와 존재하기 때문이다.
그는 저 세계를 단지 또 다른 대상으로, 아마 흥미로운

대상으로 그러나 진지하게 실제적이라고 생각한다면 위험하게도 올가미에 걸려들 수 있는 대상으로 여길 뿐이다.

예수께서 말씀하셨다. "부자가 된 사람은 왕이 되게 하고,
권력을 소유한 사람은 그것을 포기하게 하라."

Jesus said: "Let him who has grown rich be king, and
let him who possesses power renounce it."

영적으로 부유하여 참된 분별력을 지닌 자를 사람들의
지도자가 되게 하라. 그리고 그 반대, 즉 지도자의 위치에
있는 무지한 사람을 물러나게 하여 더 이상 큰 해를 끼치지
못하게 하라.

예수께서 말씀하셨다. "누구든지 나에게 가까이 있는 사
람은 불 가까이 있는 사람이고, 누구든지 나에게서 멀리
있는 사람은 아버지의 나라로부터 멀리 있는 사람이다."

Jesus said: "Whoever is near me is near the fire, and
whoever is far from me is far from the Father's
Kingdom."

영적 진리란 한 사람의 세상적 실존 전체와 그의 잘못된
가치를 태우는 불과 같다.

예수께서 말씀하셨다. "형상들은 사람에게 나타나지만, 그 형상들 안에 있는 빛은 아버지 빛의 형상 안에 감추어져 있다. 아버지의 빛은 나타날 것이지만, 아버지의 형상은 그 빛 속에 감추어질 것이다."

Jesus said: "Images are manifest to man, but the light in them remains concealed in the image of the Father's light. He will become manifest, but his image will remain concealed by his light."

'형상'은 지각되는 분명한 대상, 즉 객관성의 영역이다. '그들 안에 있는 빛'은 주관성이다. 자아, 즉 나타나지 않은 것은 우리가 다양한 감각적 대상에 의하여 붙잡혀 있는 한 실현되지 못한 채 남아 있게 된다.

예수께서 말씀하셨다. "너희는 너희 자신의 모습을 볼 때 행복하다. 그런데 너희보다 먼저 존재한, 죽지도 않고 드러나지도 않는 너희의 형상을 볼 때 그것을 얼마나 감당할 수 있겠는가?"

Jesus said: "When you see your likeness, you are happy. But when you see your images that came into being before you, which neither die nor become visible, how much you will have to bear!"

이 말씀은 분명히 힌두교의 정화의식인 삼스카라 (samskaras)나 무의식적인 욕망 바사나(vasanas)를 연상하게 한다. 이것들은 우리가 현재 가지게 된 몸의 뿌리에 놓인 것으로서, 그래서 우리 존재와 운명을 꼴 짓는 내면적인 경향성을 가리킨다. 실로 우리는 육체적으로 나타난 몸에 대하여 온갖 종류의 장애를 가지고 있다. 왜냐하면 우리는 몸의 지체들의 노예이기 때문이다. 그리고 이 지체들은 만족감의 수단이다. 그러나 이것이 우리의 과거로부터 유래하고 현재 여전히 우리에게 출몰하여 우리의 숨겨진 삼스카라에 들어올 때, 우리가 얼마나 더 인내해야 할지 연민을 느끼지 않을 수 없다.

예수께서 말씀하셨다. "여우들도 제 굴이 있고 새들도 제
둥지가 있으나 사람의 아들은 머리 뉘어 쉴 곳이 없다."

Jesus said: "The foxes have their holes and the birds
have their nests, but the Son of Man has no place to
lay his head and rest."

자신의 영적 운명을 따르면서 진실하게 머무르는 자들
은 그들이 사는 사회와 세계에서 그들의 육체를 몰수당할
지 모른다.

예수께서 말씀하셨다. "몸에 의지하는 몸은 비참하다. 이 둘에 의지하는 영혼은 비참하다."

Jesus said: "Wretched is the body that is dependent upon a body, and wretched is the soul that is dependent on these two."

이 말씀은 앞의 말씀에서 표현된 통찰을 반복해 말씀한다. 몸과 마음은 비실재적이란 사실을 긍정하고 참된 자아를 찾으라는 결론이다. 참된 자아는 '몸'도 '마음'도 아니다. 그렇게 될 때만 인간은 참으로 독립할 수 있다.

(89)

예수께서 말씀하셨다. "너희는 왜 잔의 겉만 닦는가? 너희는 안을 만드신 이가 또한 겉을 만드셨다는 것을 알지 못하는가?"

Jesus said: "Why do you wash the outside of the cup? Don't you understand that the one who made the inside is also the one who made the outside?"

예수께서 우리를 꾸짖어 말씀하신다. 밖으로 드러난 외모에 너무 신경 쓰지 말아라. 먼저 당신의 내적 존재를 염려하라, 그러면 세계에 대한 당신의 관계는 저절로 해결될 것이다.

예수께서 말씀하셨다. "내게로 오라. 나의 멍에는 가볍고,
나의 다스림은 온화하니, 너희는 자신을 위한 쉼을 발견할
것이다."

Jesus said: "Come to me, for my yoke is easy and my
lordship is mild, and you will find repose for
yourselves."

이 말씀은 넓은 의미에서 예수께서 지시하시는 것처럼
영적 탐구를 암시한다. '쉴 곳'과 같은 결과는 다른 장소,
예를 들어 60절 말씀에서 언급하셨다. 거기서 그는 깨달음
의 상태를 죽은 자의 쉴 곳과 동일시했다. 비이원성을 아는
학생은 물론 즉각적으로 그곳이 영구히 아무것도 일어나
지 않는 장소라는 것을 알아차린다. 그 장소는 시간-공간
이전에 존재하는 시간의 모체(matrix) 같은 것이다.

그들이 그분께 말씀하셨다. "우리가 당신을 믿을 수 있도록 당신이 누구인지 우리에게 말씀해 주십시오."

예수께서 그들에게 말씀하셨다. "너희는 하늘과 땅의 얼굴은 분별하면서 바로 앞에 있는 사람이 누구인지 알지 못한다. 그러니 너희는 지금 이 순간도 분별할 줄 모른다."

They said to him: "Tell us who you are so that we may believe in you."

He said to them: "You examine the face of heaven and earth, but you have not come to know the one who is in your presence, and you do not know how to examine the present moment."

예수께서 제자들이 온갖 종류의 외적 대상들, 시간과 공간 안에 있는 것들, 하늘과 땅의 얼굴만을 탐구한다고 크게 꾸짖으셨다. 그러나 그들은 늘 가까이 있는 것, 즉

자아를 검토하지 않고 무시한다. 자아의 현존 속에서만
사람은 늘 존재한다. 값진 지금의 순간 속에서.

예수께서 말씀하셨다. "찾으라, 그러면 발견할 것이다. 전에는 너희가 나에게 묻는 것들에 대해 내가 말해 주지 않았다. 이제 그것들을 말해 주려고 하지만 너희가 찾지 않는다."

Jesus said: "Seek and you will find. In the past, however, I did not tell you the things about which you asked me then. Now I am willing to reveal them, but you are not seeking them."

영성을 위한 자아-지식을 조금이라도 귀중하게 생각한다면 진실로 그것에 관하여 진지해져야만 한다. 구루나 스승은 오로지 많은 것들을 해낼 수 있다. 영적 지식을 전달한다는 것은 여전히 희귀하고 어려운 과정이다.

(93)

예수께서 말씀하셨다. "거룩한 것을 개에게 주지 말라, 개
들이 그것을 거름더미 위로 던져 버릴 수도 있기 때문이다.
진주를 돼지에게 던져 주지 말라. 돼지들이 그것을 짓밟아
조각을 내지 않도록 하라."

Jesus said: "Don't give what is holy to dogs, for they
might throw it on the dung heap. Do not throw pearls
to swine, lest they grind it to bits."

이 말씀은 가르침을 비밀스럽게 간직해야 하는 이유를
제공한다.

예수께서 말씀하셨다. "찾는 자는 발견할 것이다. 두드리는 자에게 문은 열릴 것이다."

Jesus said: "He who seeks will find, and he who knocks will be let in."

이 말씀도 본질적으로 92절의 말씀과 동일한 메시지를 전한다. 당신은 탐구 과정의 첫발을 디뎌야 한다. 그렇지만 영적으로 말해 어떤 일이 일어나기 전에 발견과 통합을 위한 내적 욕구가 있어야 한다. 그렇지 않으면 아무것도 일어날 수 없다.

예수께서 말씀하셨다. "만일 너희가 돈이 있다면 이자를
받고 빌려주지 말라. 오히려 그 돈을 돌려받지 못할 사람에
게 주라."

Jesus said: "If you have money, do not lend it at inter-
est, but give it to one from whom you will not get it
back."

참된 선물은 돌려받을 기대를 하지 말아야 한다.

제자들이 예수께 말했다. "당신의 형제들과 어머니가 밖에 서 있습니다."

예수께서 그들에게 말씀하셨다. "여기 내 아버지의 뜻대로 행하는 자들이 나의 형제요 나의 어머니이다. 나의 아버지의 나라에 들어갈 자들은 바로 그들이다."

The disciples said to him: "Your brothers and your mother are standing outside."

He said to them: "Those here who do what My Father wants are My brothers and My mother. It is they who will enter the Kingdom of My Father."

혈연을 통해 연결된 사람들은 하나의 일이다. 영적으로 연결된다는 것, 즉 참된 영혼의 벗이 되고 동일한 생의 꿈을 공유한다는 것은 전혀 다른 일이다. 후자는 단순히 관계된 것만이 아니라 그들은 하나의 자아이다.

예수의 말씀으로 말하자면 그들은 하늘나라에 들어갈 것이다.

예수께서 말씀하셨다. "아버지의 나라는 곡식이 가득 담긴 항아리를 옮기는 여인과 같다. 그녀의 집에서 떨어져 먼 길을 가는 동안 항아리의 손잡이가 깨져 곡식이 그녀 등 뒤에서 길로 쏟아졌지만 그녀는 알지 못했다. 그녀는 그 사고를 전혀 눈치채지 못했다. 집에 도착해 항아리를 내려놓은 다음에야 그녀는 비로소 항아리가 텅 비어 있음을 알았다."

Jesus said: "The kingdom of the Father is like a certain woman who was carrying a jar full of meal. While she was walking on the road, still some distance from her home, the handle of the jar broke and the meal emptied out behind her. She did not realize it; she had noticed no accident. When she reached her house, she set the jar down and found it empty."

우리 중 대부분은 우리 삶의 길에서 무엇인가 잘못됐다는 사실을 인식조차 하지 못한다. 그 잘못된 인식이란 고통을 겪으면서도 이원성에 애착한다는 것이다. 비실재의 꿈으로부터 깨어난다는 것은 우리에게 상당히 충격적인 사건일 뿐 아니라 큰 고통을 안겨준다. 빈 항아리는 현재 일상적으로 살아가는 우리 삶의 비움(空, emptiness)을 상징한다. 이 말씀 구절에 대한 다른 해석은 영성적 인간에게는 얻는 것도 잃는 것도 없다는 것을 보여 주는 실례라는 것이다. 바로 득실이나 빈부와 같은 생각은 공허할 수밖에 없다. 왜냐하면 이런 생각은 우리의 참된 삶에 대한 무지에 기초해 있기 때문이다. 생명은 순간에서 순간으로 지속된다.

예수께서 말씀하셨다. "아버지의 나라는 힘센 자를 죽이
려는 어떤 사람과 같다. 그는 자기 집에서 칼을 빼 들고
자신의 손이 그 일을 해낼 수 있는지 보기 위해 그 칼로
벽을 쳤다. 그리고 난 후에 그는 그 힘센 자를 베었다."

Jesus said: "The kingdom of the Father is like a certain
man who wanted to kill a powerful man. In his own
house he drew his sword and stuck it into the wall
in order to find out whether his hand could carry
through. Then he slew the powerful man."

무지를 단번에 죽이기 위하여 많은 훈련이 필요하고
많은 노력을 쏟아야 한다. 먼저 장애물을 극복해야겠다는
느낌을 받아야 한다. 영성적 실천을 통해 자신을 검토한
후 무지의 괴물(강력한 인간)을 죽이고 진리와 융합해야
한다.

제자들이 예수께 말했다. "당신의 형제들과 어머니가 밖에 서 있습니다."

예수께서 그들에게 말씀하셨다. "여기 내 아버지의 뜻대로 행하는 자들이 나의 형제요 나의 어머니이다. 그들이 나의 아버지의 나라에 들어갈 사람들이다."

The disciples said to him: "Your brothers and your mother are standing outside."

He said to them: "Those here who do what my Father wants are my brothers and my mother. They are the ones who will enter my Father's Kingdom."

예수께서는 혈연으로 맺어진 관계보다 더 강력한 무엇인가가 있음에 주목한다. 그것이 무엇인지 이해함에서 하나가 된 자들은 참된 관계를 맺은 자들이다. 왜냐하면 그들은 진실로 하나인 참 자아(the Self)의 사람이기 때문이다.

그들이 예수께 금화를 보이면서 말했다. "로마 황제의 사람들이 우리에게 세금을 요구합니다."
예수께서 그들에게 말씀하셨다. "황제에게 속한 것은 황제에게 돌려주고, 하느님에게 속한 것은 하느님에게 돌려드리고, 나에게 속한 것은 나에게 주라."

They showed Jesus a gold coin and said to him: "The Roman emperor's people demand taxes from us."
He said to them: "Give the emperor what belongs to the emperor, give God what belongs to God, and give me what is mine."

이 말씀은 다음과 같이 간결하게 요약할 수 있다. 세상 안에서 살라, 그러나 세상에 속한 사람은 되지 말라.

예수께서 말씀하셨다. "누구든지 내가 하는 것처럼 자기 아버지와 자기 어머니를 미워하지 않으면 나의 제자가 될 수 없다. 누구든지 내가 하는 것처럼 자기 아버지와 자기 어머니를 사랑하지 않으면 나의 제자가 될 수 없다. 나를 낳아준 어머니는 나에게 거짓을 주었으나, 나의 참 어머니는 나에게 생명을 주었다."

Jesus said: "Whoever does not hate his father and his mother as I do cannot become a disciple to me. And whoever does not love his father and his mother as I do cannot become a disciple to me. For my mother gave me falsehood, but my true Mother gave me life."

이원론적 생명관에 기초한 흔히 사용되는 잣대는 더 이상 유효하지 않다. 그와 같은 종류의 사랑은 관계 속에서 타당성을 상실한다. 왜냐하면 그 사랑은 단지 형식적이고

기계적인 사랑이기 때문에 오류에 기초하고 있다. 같은
이유로 자기 자신과의 동일성의 감정으로 다른 사람을
사랑하는 사람, 즉 자신의 참된 어머니는 비이원성
(advaita)의 생명을 사랑한다.

(102)

예수께서 말씀하셨다. "빌어먹을 바리새인들아! 그들은
소 여물통 안에서 잠자는 개와 같다. 그 개는 자기도 먹지
도 않으면서 다른 소도 먹지 못하게 한다."

Jesus said: "Damn the pharisees! They are like a dog
sleeping in the cattle manger: the dog neither eats nor
let the cattle eat."

이 말씀은 39절 말씀과 함께 연결하여 읽어야 한다.
예수께서는 거기서도 학자들과 지식인들을 잘못된 자아
찾기에 가장 진지한 사람으로 혹평한다. 예수께서는 만일
당신이 그들을 도울 수 있다면 그들과 개인적으로나 그들
의 학문적 업적과 관련해서나 어떠한 관심도 두지 말라고
경고한다.

예수께서 말씀하셨다. "한밤중에 도둑들이 오리라는 걸 아는 사람은 행복하다. 그는 일어나 사람들을 모아 그들이 침입하기 전에 스스로 준비할 것이다."

Jesus said: "Fortunate is the man who knows where the brigands will enter, so that he may get up, muster his domain, and arm himself before they invade."

항상 주의하고 준비하라. 그리하면 욕망과 공포의 도덕들이 살금살금 슬쩍 다시 들어와 자신에게서 발하는 지성의 빛을 어둡게 하지 않을 것이다.

그들이 예수께 말했다. "오셔서 오늘 우리와 함께 기도하고 금식합시다."

예수께서 말씀하셨다. "내가 무슨 죄를 범했습니까? 아니면 내가 어떻게 태만했습니까? 그러나 신랑이 신부의 방을 떠나면 저들이 금식하고 기도하게 하라."

They said to Jesus: "Come, let us pray today and let us fast."

Jesus said: "What sin have I committed, or how have I been undone? Rather, when the groom leaves the bridal suite, then let people fast and pray."

  예수께서 그 어떤 종류의 영적 실천도 인과론적으로나 혹은 단지 판에 박은 듯이 시행될 수 없다고 주의하셨다. 영적 실천은 한 존재의 자연스럽고 적합한 부분이 되어야 한다.

예수께서 말씀하셨다. "누구든지 아버지와 어머니를 아
는 자는 창녀의 자녀라 불릴 것이다."

Jesus said, "He who knows the father and the mother
will be called the child of a whore."

여기서 '아버지와 어머니'는 인간의 참된 조상인 우리
의 영적 기원에 대한 지식을 대변하는 것이다. 그러므로
국외자들은 당신을 이해하지 못하고 온갖 종류의 품위를
손상하는 욕설로 당신을 부를 것이다. 그 이유는 당신이
단지 그들과 동일한 주파수를 가지고 있지 않기 때문이다.

예수께서 말씀하셨다. "여러분이 둘을 하나로 만들면 여러분은 아담(사람)의 아들이 된다. 여러분이 '산아, 여기서 움직여라!'라고 말하면 산이 움직일 것이다."

Jesus said: "When you make the two into one, you will become the children of Adam, and when you say, 'Mountain move here!,' it will move."

여러분이 참된 비이원성을 실현하면 여러분으로부터 분리된 것이 아무것도 없다. 무엇이 일어나든지 여러분 자신의 자아를 통해 일어나는 것으로 경험할 것이다.

예수께서 말씀하셨다. "누구든지 나의 입으로부터 마시는 자는 나와 같이 될 것이고 나 자신도 그와 같이 될 것이다. 그러면 감추어진 것들이 그에게 드러날 것이다."

Jesus said: "He who will drink from my mouth will become like Me. I myself shall become he, and the things that are hidden will be revealed to him."

한 인간 존재에 대한 참된 이해인 자아(the Self)는 실제 분리된 존재자들로 에워싸인 우주의 비전을 단번에 파괴할 것이다. '나'와 '너'라는 말은 사라지고 '그'만이 존재하게 될 것인데 '그'는 더 이상 한 인격이 아니다.

예수께서 말씀하셨다. "세상을 발견하여 부자가 된 자는
세상을 포기해야 한다."

Jesus said: "Whoever finds the world and becomes
rich, let him renounce the world."

참된 통찰력이 있는 사람은 세상 안에서 성공한 자이
며, 그런 사람은 세상의 모든 이익을 포기하는 데 거리낌이
없는 사람이다. 왜냐하면 그는 새로운 통찰을 통해 세상을
보고 그것이 환상이라는 것을 알기 때문이다. 이러한 사실
은 세상에 대한 모든 애착이 끝났다는 것을 의미한다.

(111)

예수께서 말씀하셨다. "너희 눈앞에서 하늘과 땅이 말려
올라갈 것이니 살아 계신 분 안에서 살아가는 사람은 결코
죽음을 보지 않을 것이다."
예수께서 이렇게 말씀하시지 않았는가? "자기 자신을 발
견한 사람에게 이 세상은 가치가 없다."

Jesus said: "The heavens and the earth will roll up in
your presence, and whoever is living from the living
one will not see death."
Does not Jesus say, "Whoever finds himself is superi-
or to the world?"

첫 말씀에서 예수께서 하늘과 땅, 다시 말해 시간과
공간이 자기 자신의 현존, 곧 현재 속에서 붕괴할 것이라
말씀하신다. 본 메시지는 19절의 말씀과 매우 유사하고
참 마음 자체에 대한 분명한 언급이다. 감각 지각과 마음의

작용 이전의 순수성의 상태를 가리키는 아름다운 지시와 함께 이에 상응하는 보상을 받기 시작한다. 드러난 세계는 초월 되어야 하며, 사람을 죽음이 없는 상태로 인도한다.

예수께서 말씀하셨다. "영혼에 의지하는 육체에 화가 있
으라. 그리고 육체에 의지하는 영혼에 화 있으라."

Jesus said: "Woe to the flesh that depends on the soul;
woe to the soul that depends on the flesh."

이 말씀도 87절의 말씀과 매우 유사하다. 마음으로부
터 뒤따르는 물질이나 물질로부터 뒤따르는 마음 모두가
잘못이다. 왜냐하면 각자는 독립된 실재가 아니기 때문이다.
이 모든 것은 단지 무명(maya)의 놀이에 지나지 않는다.

그분의 제자들이 예수께 말했다. "언제 그 나라가 오겠습니까?"

예수께서 말씀하셨다. "그 나라는 기다린다고 오지 않을 것이다. 그 나라는 '보라, 그것이 이곳에 있다.' 또는 '보라, 그것이 저곳에 있다.'할 성질의 것이 아니다. 아버지의 나라는 땅에 널리 퍼져 있지만 사람들이 보지 못한다."

His disciples said to him: "When will the kingdom come?"

Jesus said: "It will not come by expectation; it will not be said: 'Look, here!' Or 'Look there!' Rather, the Father's kingdom is spresd out upon the earth, but people do not see it."

이 물음은 일상적인 방법으로 대답할 수 있는 질문이

아니다. 왜냐하면 그 나라는 전혀 물리적인 상태가 아니기 때문이다. 그 나라는 초월적이기 때문에 시간과 공간에 제한되지 않는다. 그 나라는 일상적인 감각 지각과도 무관하다. 그 나라는 자아-실현(Self-realization)이다.

용 어 사 전

Advaita(비이원성)

비이원성은 존재하는 것의 본성, 곧 전체성을 언급한다. 비이원성은 분열되지 않음, 그러므로 정의하지 않음을 요구한다. 따라서 비이원성은 본질적으로 이와 같은 용어 사전에 분류될 수 없다. 용어 사전적 정의는 형식에 따라 오직 그것으로만 보아야 한다. 우리 존재의 본성에 대한 최종적 통찰을 지적하기 위해 보편적으로 사용되며 우리가 관찰한 대로 사실적인 세계를 기술한다. 사물의 본성은 기술함으로써 표현하고 실재의 표기는 여전히 필연적으로 이원론적으로 이루어진다. 그렇지 않으면 아무것도 소통될 수 없다. 그러나 이 경우에도 차이가 하나 있다. 비이원성은 자신의 파괴를 냉혹하게 가리키는 유일한 개념이다. 비이원성이 충분히 실현되면 그것은 개념이 되기를 그친다. 비이원성은 개념으로서의 자신을 파괴할 뿐 아니라 모든 다른 개념들을 무효화한다. 그러므로 비

이원성에 관한 그 어떤 생각도 쓸모없는 일이 된다. 요약
하여 말하자면 실재는 비이원성 대 이원성의 물음을 초월
한다. 실재는 이러한 대결의 형식이 무의미하기 때문이
다. 이것을 이해하기 위해 불교의 가르침에서 적절한 은
유를 생각해 낼 수도 있다. 살 속에 있는 다른 모든 가시를
제거하기 위해 필요한 가시는 이 유용한 제거작업을 수행
한 이후에는 그 자체 파괴된다. 이러한 것이 비이원성의
역할이고 의미로 여겨진다.

나는 그리스도가 말하는 '아버지의 나라'는 바로 비이원
성의 상태, 즉 영원한 자아의 실현과 동일한 것을 의미한
다고 본다. 영원한 자아 안에는 평화를 방해할 만한 그
어떤 생각도 더 이상 존재하지 않는다.

Advaitin(비이원적인 사람)

자아의 비이원적인 본성을 실현한 개인을 의미한다.

Dvaita(이원성)

무명(Maya)과 환영의 차원에서 나타나는 이원성과 차이
를 의미한다.

Jnana(지혜)

지식 혹은 지혜로서 무명의 덮개를 쓰기 이전의 절대적 순수성 안에서 만물을 보는 것을 의미한다.

Maya(무명)

마야는 "우주적 환상이나 특히 몸/마음을 일치시키는 원초적 환영을 의미한다. 그러나 이것은 우주적 환상을 투사하는 역동적인 원리이며 초월적 통일성을 은닉한다"라고 정의되어 왔다. 마야는 인식하기 가장 어려운 개념이다. 마야는 전혀 개념이 아니라는 데 주원인이 있다. 대부분 사람은 마야에 대하여 자신의 관찰이 잘못되었거나 부정확한 것이라고 알고 있다. 확실한 예를 들자면 무지개나 신기루 같은 것들이다. 그러나 소수의 사람이 알고 있는 것은 마야가 모든 관찰과 관련되어 있다는 것이다. 사실 모든 관찰은 가장 근본적인 방식에서 보면 모두 결함이 있다. 지각된 세계는 꿈과 같아서 전적으로 비실재적이다. 사실 자체라고 하는 것은 측량할 수 없고 표현할 수 없다. 지각의 대상은 지각하는 자와 동떨어져 분리된 실재라기보다 지각적 메커니즘(구조)에 대한 끊임없는 반성이다.

마리아 복음서(Gospel of Mary Magdalene)에 나오는 심원한 문장이 바로 이 주제를 다루고 있다. 이 복음서 또한 도마복음을 포함하고 있는 나그함마디 문서 안에 들어 있는 일부이다. 그 문장은 다음과 같다.

"모든 자연물, 꼴을 갖춘 모든 것, 모든 피조물은 서로 안에 그리고 서로 함께 존재하니, 그것들은 다시 해체되어 오직 그것들의 근원으로 돌아갈 것이다. 왜냐하면 물질이라는 자연물은 해체되어 그 자연물의 근원으로만 돌아가기 때문이다. 들을 귀가 있는 자는 들어라"(마태복음 11: 15 비교).

이 문장을 바르게 이해하기 위해 명백하게 18절의 말씀부터 시작해 보자. 첫째, 우리는 세상을 알아갈 필요를 느낀다. 그 세상은 처음부터 한 사람의 의식 속에 있었던 세상이다. 그리고 난 후에 이 세상 안에 자리 잡은 '나(me)'가 있음을 인식한다. 이 모든 것이 분명하고 충분해 보인다. 그러나 과연 그리도 단순한 것인가? 도대체 그와 같은 것들이 참으로 존재하는가? 세계는 무엇이고 시작은 무엇인가? 세계와 시작이라는 용어를 사용하기 위해서는 분명히 어느 만큼 공간에 대한 이해가 있어야 한다. 그리고 이 세계 안에서 떠오르는 나 자신에 관하여 말하기 위해서 시간에 대한 명백한 이해가 있어야 한다. 시간과 공간은 몸-마음의 출현과 함께 그리고 출현을 통해 등장하는 것이지 다른 방식으로 요청되거나 정의될 수 없는 것이다. 다른 말로 하자면 우리를 순환 논증, 즉 자기를 규정하는 진술에 빠진다. 순환 논증은 그 자체 안이나 그 자체를 넘어서도 본질적으로 여전히 알려질 수 없는 어떤 것을 전제로 한 단지 소음일 뿐이다. 여기서 마리아는 올바르게 말한다. "모든 자연물, 꼴을 갖춘 모든 것, 모든 피조물은 서로 안에 그리고 서로 함께 존재하니, 그것들은 다시 해체되어 오직 그것들의 근원으로 돌아갈 것이다." 우리가 직시한 바와 같이 근본적으로 세계 같은 것은 전혀 없다. 그리고 개인적 실재로서의 '나'(I) 또한 존재하지 않으며 존재한 바도 없다. 달리 말해 이 모든 진술이 낯설게 들리더라도 탄생과 죽음은 없다.

인도의 성자 스리 아트마난다(Sri Atmananda, 1883-1959)는 똑같은 진리를 다음과 같은 말로 표현하였다. "모든 감각 기관은 각자 그것 자체를 지각할 뿐이고 지식은 지식만을 알 뿐이다. … 한 사물은 다른 것이 아닌 바로 그것의 존재를 증명할 수 있다." 이 말씀이 넓은 의미에서 마야의 의미이다.

그러나 마야의 다른 측면도 있다. 이 측면은 우리의 참 본성 안에 있는 존재를 이해하는 데 동등한, 아마도 더 높은 중요성을 가진다. 어린아이는 수태의 순간부터 태어나기 바로 직전이나 직후에 이르기까지 모든 종류의 물리적 인상을 수집하는 생리학적 용기 외에 다른 것이 아니다. 어린아이의 '마음'은 백지(tabula rasa)로서, 다시 말해 같은 말이지만 존재하지 않는 것으로서, 용기의 테두리는 순전히 물리적이며 이 테두리에 대한 어떤 인지도 아직 없는 상태이다. 이 모든 행위는 전적으로 비인격적인 모체 안에서 일어난다. 그러나 오래지 않아 마야의 마술을 통해 생리적 고통과 쾌락의 중심이 태어난다. 어린아이는 누가 봐도 알 수 있는 페르조나, 즉 '자아'를 획득한다. 그리고 존재(Beingness)의 비이원적 상태가 '존재자'(being) 혹은 '개인'(individual)으로 변한다. 바로 이 정확한 지점에서 '인격'(이원성, person, Duality)이 태어난다. 그러나 신기루처럼 이 모든 것들은 전적으로 비실재적이며 온갖 종류의 왜곡을 통해 이 과정은 계속되고 '나'(I)

혹은 '나를'(me)이라고 불리는 비실제적 실재를 지지하는
방향으로 나아간다.

옮긴이 후기

한국영성예술협회(KASA)의 설립 10주년을 맞이하여 '도마복음연구회'를 창립하고 도마복음과 관련된 여러 도서의 출간 및 연구발표회를 하게 된 것을 축하하며 한량없이 기쁘게 생각합니다. 이 연구를 위해 전력 지원해 주시는 구자만 장로님(주식회사 선흥저엔티 회장)께 먼저 감사드립니다.

영성은 예술의 생명력이고 예술은 영성의 발현 형태이며 종교는 예술과 영성이 움트고 싹트며 자라는 너른 옥토입니다. 도마복음은 기독교적 전통과 서양 사상의 맥락에서 종교적 영성의 지극한 극치를 담고 있는 경전이라고 생각합니다. 플라톤 이후 서양 철학의 사유는 이원론적 사유이고 이를 기반으로 삼을 수밖에 없었던 서양의 기독교 신학도 성서적 원의(原義)와는 달리 오랫동안 이원론적으로 펼쳐 왔습니다. 이 이원론이 20세기 이후 서양철학에서도 근본적으로 문제시되고 있는 마당에 비이원론적 사유와 실재관을 핵으로 지닌 도마복음의 발견과 지속적인 연구야말로 시대적 과제일 수밖에 없습니다. 기독교는 도마복음에 대한 편견과 푸대접을 시급히 벗어버리고 기독교 신앙의 감추어진 새로운 지평을 드러내야 합니다. 특히 도마복음은 기독교가 비이원론을 기저로 하는 동양의 종교 및 철학과 자연스럽게 만나 오래된 벗처럼 서로 친하게 통할 수 있는 촉매제가 될 수 있으며, 장차 한국의 기독교가 한국사상과 문화적 전통을 계승하고 세계 문명의 대전환기에 신새벽을 열 수 있는 지혜의 보고라고 생각합니다.

여러분에게 감사합니다. KASA의 조성진 이사장님과 설립자 손원영 교수님 그리고 가나안 교회를 이 세상의 '하늘나라'로 여기는 언님들의 신실함과 허허로움에 감사하지 않을 수 없습니다. 그리고 출판을 위해 애써주신 동연의 김영호 사장님과 직원분들께 감사를 드립니다.

심광섭

도마복음 연구 시리즈 3

선(禪)과 그리스도교

— 예수 그리스도의 본질적 가르침

2023년 6월 2일 처음 펴냄

지은이 | 로버트 포웰
옮긴이 | 심광섭
펴낸이 | 조성진
펴낸곳 | 도서출판 예술과영성
등 록 | 제2017-000147호(2017년 11월 13일)
주 소 | 서울시 중구 퇴계로 30길 29 4층 407
전 화 | (02)921-2958
홈페이지 |www.artmin.org

ISBN 979-11-962443-7-8 04200
ISBN 979-11-983321-0-3 04200(도마복음 연구 시리즈)